7つのケースでわかる！

交通事故事件ミスゼロの実務

稲葉直樹・石濱貴文・古郡賢大・井上陽介
塩田将司・江田 翼・池田龍吾・浅井 健
［著］

学陽書房

はしがき

　交通事故は年々減少傾向にあるといわれますが、それでも日常的に発生している事実は変わりません。交通事故事件は、弁護士業務を行ううえで避けては通れない分野です。

　いつ誰が交通事故の被害に遭うかわかりません。依頼者である被害者は、年齢、性別、職業様々ですし、被害の内容も多様です。

　こうした特徴を持つ交通事故事件においては、個々の事案に即した対応が求められます。さらに、保険制度や裁判例の集積等、交通事故特有の専門的な要素があるため、これらの知識も踏まえたうえで事案処理に臨む必要があります。技術の研鑽や知識の習得が大切な分野だといえるでしょう。

　他方で、事案構造としては、シンプルであり、若手弁護士が弁護士業務をどのように遂行していくか、基礎を学ぶのに適しています。

　実際、筆者が新人時代にお世話になった事務所のボス弁からは「交通事故事案は全ての事案の基礎であり、全ての事案は交通事故事案の応用なんだ」と言われていました。弁護士としての経験年数が増えるにつれて、まさにそのとおりだと実感しています。

　そんな「弁護士スキルの土台」ともいえる交通事故事件について、本書は、交通事故事件の経験が浅い方でも理解しやすいように、7つのケースに分けたうえで、それぞれの事件の進め方や考え方、必要な知識、ミスを避けるための注意点について解説しています。読者の皆様が取り組むうえで、本書が少しでもお役に立てれば幸いです。

　最後に、出版に向けてご尽力いただきました、大上様をはじめ、学陽書房の皆様に心から感謝いたします。

　令和5年5月

著　者　一　同

ケース2 物損事故の依頼

ケース3 治療中の被害者からの依頼

ケース4 自転車事故の依頼

ケース5 　死亡事故の依頼

ケース6 　事故状況・過失割合を争う事故の依頼

紛争解決手続に関する依頼

凡例

【法令】

自賠法　　　自動車損害賠償保障法

【裁判例】

（正式）大阪地方裁判所判決令和○年○月○日

（略記）大阪地判令○年○月○日

【判例集・雑誌・資料等】

民集　　　　最高裁判所民事裁判例集

交民　　　　交通事故民事裁判例集

判時　　　　判例時報

判タ　　　　判例タイムズ

自保　　　　自保ジャーナル

ＷＬＪ　　　ウエストロー・ジャパン

赤い本　　　（公財）日弁連交通事故相談センター東京支部編『民事交通
　　　　　　事故訴訟 損害賠償額算定基準』

労災必携　　労災サポートセンター『労災補償 障害認定必携 第 17 版』（労
　　　　　　災サポートセンター、2020 年）

事故発生直後の依頼

　ある日、甲弁護士の事務所に知人のAから連絡があった。話を聞くと、「本日、私の友人であるYが交通事故に遭った」とのことであった。

　初めて交通事故被害に遭ったYが不安でたまらず「今後のことについて弁護士の話を聞いてみたい」とのことである。

　甲弁護士は、早速Yに連絡し、持参するものを伝えたうえで、翌日、面談を行うこととした。

―相談当日―

甲：Y様ですね。Aから話は聞いております。本日はよろしくお願いいたします。

Y：初めまして、よろしくお願いいたします。

甲：さて、さっそくですが、昨日事故に遭われたということで、大変だったかと思います。

　まずは、昨日持ってきていただく物を事務の者から案内させたかと思いますが、ご用意いただけましたでしょうか？

Y：そうですね。事故直後なのでほとんど資料はなかったですが、可能な限り持ってきました。

甲：ありがとうございます。一旦お預かりして、コピーをとってお返ししますね。

（事務員にコピーを指示）

　それでは本題に入りたいと思います。まずは、事故の状況を確認したいのですが、どのような事故でしたか？

Y：青信号で交差点に入った際に、左から来た赤信号無視の車がぶつかってきました。

　相手の車はかなりスピードが出ていたのか、かなりの衝撃でしたね。

甲：なるほど。それは大変怖い思いをされたと思います。

　　事故の責任の話で言えば、赤信号で進入した相手の車が基本的には悪いということになりますから、Yさんには、責任はないでしょうね。

Ｙ：ただ、気になっているのが、事故の直後に相手からものすごい文句を言われたんですね。「どこ見て走ってたんだ！」とか。

　　私が信号無視したような言い方で、相手は男性の方でものすごく高圧的な言い方をされましたから、私、何も言い返せませんでした。

　　相手の方は、現場に到着した警察にも、強く言っているように見えましたね。

　　私は、交差点に入る前にしっかり信号を確認しましたので、青信号だったのは間違いないです。

甲：なるほど。相手の方の様子からすると、相手の方は、自分が信号無視したという事実を認めないかもしれませんね。

　　私自身、交差点に進入した際の信号の色が争点となる事故は何件も経験していますが、非常にシビアですね。

　　明確な証拠がないと、お互いの言い分しか証拠がなくなってしまい、決め手がなく、水掛け論になってしまうことも多いです。

　　ドライブレコーダー映像や付近の防犯カメラ映像に、事故の状況がしっかり映っていればそこまで問題にならないのですが、事故の状況を示すような証拠がないと非常に難しい事件になります。

Ｙ：そうなんですね。私の車にはドライブレコーダーが積んでありまして、事故の後で映像を見たのですが、私の車が青信号で入っているところがばっちり映っていました。

甲：ドライブレコーダーがあって良かったですね。最近の車だとドライブレコーダーを積んであることが多いですが、昔はドライブレコーダーを積んでいない車も多かったですから、困ってしまうことが多々ありました。

　　ちなみに、映像は外部媒体に保存していますか？

Ｙ：いいえ。あれって、しばらく残っているものではないのですか？

甲：ドライブレコーダーの機種にもよりますが、例えば、常時録画タイプのように、映像が絶え間なく記録されているタイプの機種だと、気

づいたときには映像が上書きされて消えてしまった、なんてことがあるのです。

Y：それは怖いですね。この面談が終わった後にでも、保存してバックアップするようにしておきます。

甲：それがいいと思います。

　ところで、事故現場やお車の損傷状況を見たいのですが、お車の写真はありますか？

Y：事故現場の写真はないのですが、スマートフォンでお互いの車の写真を撮ってあります。

甲：ああ、かなり壊れていますね。相手の車が助手席のあたりにぶつかったのでしょうか。助手席のドアがかなり変形していますね。

　相手の車もフロント部分がかなり変形しているように見えます。

　相手の車がまっすぐＹさんの車の助手席付近にぶつかったんでしょうか。

Y：そうですね。一瞬のことだったので、はっきりはしませんが、傷を見る限り、おっしゃるとおりの状況だと思います。

甲：念のため事故現場も見ておきましょうか。事故現場の住所はわかりますか？

Y：はい。警察からは、○○区××……と聞いています。

甲：ありがとうございます。では、Google マップで住所を検索してみますね。

（Google マップを開く）

　こちらで間違いないですか？

Y：間違いないです。私はこっちの方向から交差点に入りました。相手の車は左から来ましたので、こっちの方向からですね。

甲：なるほど。ちなみに、ストリートビューでＹさんの進行方向を見てみますとこんな感じですが、どうですか？

Y：確かにこんな感じでしたね。事故現場の状況なんて、現地に見に行ったり、写真がないとわからないものだと思っていましたが、すごいですね。

甲：本当に最近は便利になりました。

このストリートビューの視点を見ながら事故の状況を聞きたいのですが、ご覧になっていかがですか？

Ｙ：そうですね。（Ｙがストリートビューを操作しながら）交差点の信号を最後に見たのは、この停止線の手前あたりだったと思いますね。

甲：確認した位置が交差点から離れていると交差点進入時の信号の色が変化している可能性がありますが、その位置であれば、問題なさそうですね。

Ｙ：その後、交差点に入って、相手の車が来ているのに気付いたのは、このあたりでしたね。

　　ぶつかるまでは一瞬でした。

甲：避ける間もありませんでしたね。車の壊れ具合を見ても、相手の車は、結構スピードが出ていたと思いますから、かなり怖い思いをされたんじゃないですか？

Ｙ：本当に怖かったです。事故後の相手方の態度も高圧的でしたし、本当に怖い思いをしました。

甲：それは大変でしたね。事故状況からすると、命にかかわるようなことになってもおかしくなかったと思います。本当に幸いでしたね。

　　その後、甲はＹの負傷状況等を聞き取ったうえで、今後の進め方について一通りアドバイスを行い、法律相談を終了することとした。

Ｙ：本日はありがとうございました。非常にわかりやすくて、気持ちが楽になりました。また、進めていくうちにわからないことがあれば連絡させていただきますね。

甲：ありがとうございました。いつでもご相談くださいね。

1 事故から間もない段階で 相談に来た依頼者への対応

❶ 面談の際の準備

　保険会社が弁護士費用を負担する弁護士費用特約の普及や、インターネット上の情報の充実により、今日では、事故に遭って間もない段階で相談に来る被害者も珍しくない。

　事故直後の段階ではまだ具体的な問題点が顕在化していないことが多く、面談の際の視点としては、①交通事故事案がどのように進んでいくのかについて説明を行うとともに、②問題点を洗い出すべく聴き取りを行うこと、③交通事故事案一般ないし判明した問題点に対する対処方針をアドバイスすることが考えられる。

　こうした視点に基づき、次頁に面談時の準備資料、面談の際の聴取、説明内容についてチェックリストを掲載する。

❷ 面談時に説明する内容

1　交通事故が解決に至るまでの流れ

　最初に今後の進み方をイメージできるように、交通事故が解決に至るまでの流れについて、簡単でいいので説明しておくとよい。

　交通事故の当事者は初めて交通事故を経験することが多く、今後どのように進んでいくのかわからず、それが不安感につながってしまう。

　そのため、今後どのように進んでいくのかについて、わかりやすく、スケジュールを示しながら説明すると、安心してもらえることが多い。

　また、交通事故事案の場合、一括対応制度など、解決に至るまでに専門的な制度も多く登場する。事案に必要な範囲で、各制度の内容についても説明しておくとよい。

■面談時に確認すべきこと

確認事項			確認資料	備考
事故状況		事故の概要（日時、場所、当事者等）	交通事故証明書	保全が必要な証拠については、保全を指示すること。
		事故状況	聴取	
			ドライブレコーダー映像	
		事故現場の状況	事故現場写真	
			Google マップ	
		車両の損傷状況	車両損傷写真	
		証拠の確認	目撃者	
			防犯カメラ	
物損	当事者	車両名義の確認	車検証	所有権留保、リース車等、車両名義が特殊である場合は必要に応じ、契約約款等を確認すること。
	修理費	修理内容、金額	修理見積書、納品請求書	修理未了の場合で、全損可能性がある場合には、その旨説明し、修理を行うかについて検討させること。
			損害レポート	
	全損	車両情報	車検証	
		車両時価額	レッドブック	
			インターネットサイト	
		買替諸費用	見積書、納品請求書	
	代車	代車費用	見積書、請求書	事故車との同等性の確認のため、車種等を確認すること。見積書、請求書等でも確認可能。
		代車利用期間	損害レポート	
		代車車両情報	車検証	
	レッカー費	レッカー費用	請求書	
	携行品損害	携行品損傷状況	写真	購入時資料は存在しない場合が多く、購入時の情報については、簡単な聴取でも問題ない。
		携行品購入時期・価格等	購入時資料	
	休車損害	休車損害の有無	聴取	休車損害検討にはかなりの資料を要する場合があり、初回面談時は簡易な聴取程度に留めるのがよい。
人身	事故直後の負傷状況	事故直後の身体状態	聴取	負傷内容や医師診断等を確認し、今後の治療見通しを検討しておくこと。
		救急搬送有無	聴取	
		事故直後の医師診断・診察状況	診断書	
	事故後の治療状況	事故後の通院治療状況	診断書	
			診療報酬明細書	
		事故後の傷病改善状況	聴取	基本的には聴取によるが、診断書等の客観的資料により、治療方法等の変化を確認することができる。
			診断書	
			診療報酬明細書	
		保険会社の一括対応状況	聴取	治療中の場合に保険会社から一括対応終了を告げられていないか等の問題を確認。
	治療終了時の状態	症状固定状態の有無、残存症状	聴取	確認した内容に基づき、労災必携と照らし合わせながら、後遺障害等級該当性の見通しを立てておく。
			後遺障害診断書	
その他		双方の保険加入状況	保険証券	相手方の保険加入有無や自車加入の保険種類を確認しておく。
			聴取	
		事故の業務性について	聴取	依頼者・相手方ともに、事故が業務中のものでなかったか確認。依頼者については労災保険適用可能性、相手方については、使用者責任追及可能性を確認。
		刑事事件の進行状況	聴取	刑事事件についても弁護士が関与する可能性がある場合には、刑事事件の状況についても確認。

2　事案を進めていくうえでの注意点

　解決までの流れを伝えた後に、交通事故事案の対応を進めていくうえ
で、注意すべき点について説明を行う。

　事案により様々であるが、全損が疑われるケースでの修理について、
代車利用上の注意点、医療機関以外で治療を受ける場合の注意点等は多
くの事案で関連するところであり、必要に応じて指摘すべきであろう。

　また、接骨院通院におけるリスク説明も必要に応じて行うべきである
が、詳細は後述「7　ミスゼロのためのチェックポイント」（33頁）な
いしケース3を参照されたい。

3　過失割合についての説明

　交通事故特有の問題であるが、確認した事故内容から想定される過失
割合については、別冊判タNo38[1]を踏まえ、必ず押さえておく必要が
ある。

　そもそも、過失割合という概念自体、一般の方にとってはなじみのな
いものであるから、過失割合という概念について、どのように判断され
るのか、過失割合に従い、解決内容がどのように定まるのかについて説
明しておくとよい。

4　保険利用についてのアドバイス

　適用可能な保険について整理したうえで、利用したほうがいい保険が
あれば、保険利用についてアドバイスする。

　例として、相談者が加入している可能性がある保険としては、人身傷
害保険、車両保険、レンタカー費用特約等、相手方の保険としては、対
物費用超過特約等[2]が挙げられる。

　相談者が加入している保険について、被害事故の場合に、保険料が上
がってしまう等の理由から、加入している保険を使うことに抵抗感を
持っているケースも見受けられるが、そもそも利用しても保険料が上が

---

[1] 別冊判タNo38については、ケース6を参照。
[2] 「7　ミスゼロのためのチェックポイント」（33頁～）において、適用可能な保険の詳細等について
触れているので参照されたい。

らないものが存在するほか、事案内容次第では、保険料が上がったとしても、保険を使って解決したほうが、合理的な解決につながる場面もある。

　すなわち、事案によっては、事故状況から想定される中で、一番有利な過失割合で解決ができたとしても、自らの過失が相当の割合になってしまう、あるいはベースとなる損害額が大きいために、解決後の自己負担額が大きくなってしまうケースがある。

　例えば、進路変更車対直進車の事案だと、別冊判タ No38【153 図】によれば、基本的過失割合につき、直進車が3割、進路変更車が7割と定められているが、仮に依頼者が直進車の場合で、依頼者の車の修理代が100万円かかるとする。この場合、基本的過失割合での解決（依頼者3割：相手方7割）が見込まれるとして、保険を利用せずに解決をしようとすると、依頼者の車の修理代の3割（30万円）は少なくとも自己負担になるし、相手方損害の3割も依頼者の自己負担となってしまう。

　こうした場合に、依頼者の車に車両保険[3]の加入があれば、車両保険と対物保険を使うことで、自己負担額（依頼者の車の修理費30万円、相手方の損害の3割）を保険でカバーできる。保険を使うことで、保険料は値上がりしてしまうが、仮に保険料の値上がり幅が自己負担額を下回る場合には、車両保険及び対物保険を利用したほうが、経済的合理性のある解決が図れることになる。

　他方、やはり保険は使いたくないとして、基本的過失割合よりも過失割合が小さくなるように、修正要素（合図なし、著しい過失等）の立証を狙って交渉を続けていくことも考えられるが、事案によっては、修正要素の立証が難しく、立証の難易を考慮すると保険利用を選択したほうがいい場面もある。

　また、立証の可能性が十分に存在するとしても、相手方の対応から、早期解決ができず、訴訟での決着を迫られ、解決までに時間を要してしまうこともある。

　依頼者によっては、「時間をかけたくない」というニーズもあるだろ

---

[3] 免責金額がないことを前提としている。

うし、訴訟で戦うという選択をした場合に、立証に成功すればいいが、いい結果が得られなかったならば、「結局、最初から保険を使ったほうがよかったではないか」と依頼者に不満が残ってしまう事態もありうるところである。

　そのため、ケースバイケースではあるが、保険利用による解決が望ましいと判断される事案においては、その旨を依頼者に説明して、相談の段階から、保険利用を促す[4]のも一つの対応の仕方である。

5　警察対応

　相談時に警察対応に関して聞かれることもある。よくあるのが、物件事故として処理されている事故を人身事故に切り替えるかどうかについてである。

　交通事故の賠償においては、人身事故の届け出がなく、物件事故として処理されている場合であっても、保険会社から怪我に対する補償を受けることは可能であり、負傷しているからといって、必ずしも、人身事故として届け出る必要はない。

　ただし、人身事故に切り替えることで、実況見分が行われ、実況見分結果に基づく調書をはじめとした、刑事記録が作成されることが多い。

　刑事記録の内容次第にはなるが、証拠の充実化を図れる場合もあり、事故状況等が争点となりうる事案で、証拠の拡充が必要と思われる事案においては、人身事故への切り替えも一つの選択肢となる。

---

[4]　ただし、被害事故のケースだと、保険利用のアドバイスに対し、「なぜ自分の保険を使わないといけないのか」と、嫌悪感を示されるような場合もあり、信頼関係を損なうこともある。
　そもそも、説明するかどうかの判断や、説明の仕方を工夫する必要がある。
　また、自身の保険を利用するという視点について、後述の「7　ミスゼロのためのチェックポイント」（33頁）で詳しく触れているので参考としていただきたい。

2 交通事故が解決に 至るまでの流れ

❶ 物損事案の解決までの流れ

　以下、車両が損傷し、修理を行う事案を想定し、発生から終了までの流れについて、フローチャート図を掲載しておく。

　依頼者が車の修理をして、かかった修理代を請求すればいい、というものではなく、修理に際し、修理内容や修理金額について、相手方保険会社からのチェックを受ける必要がある点が特徴的である。

　車両の損傷状況や、修理内容、修理金額のチェックは、保険会社のアジャスターと呼ばれる専門職が対応する。アジャスターが、立会（車を実際に確認する）ないし写真にて車両の損傷状況を確認する。そして、確認した損傷状況に基づき、適正な修理内容及び修理金額について検討したうえで、修理工場との間で修理内容や修理金額についての話し合いや調整作業を行う。

　当該作業を協定作業と呼び、修理金額を協定したうえで、示談を進めるのが通常の流れである。

■物損事案のフローチャート図

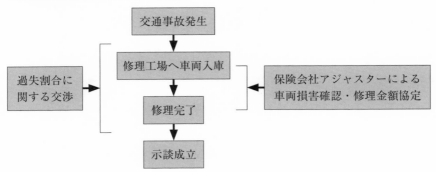

❷ 人損事案の解決までの流れ

　次に治療開始から解決に至るまでの流れについて、簡単な【フローチャート図】を掲載する。

■人損事案のフローチャート図

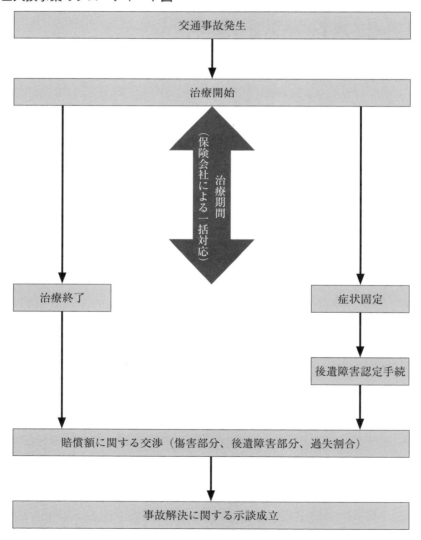

❸ 損害論をおろそかにしない

　交通事故事案を進めるうえで、起こりがちなミスとしては、過失割合（責任論）に注目しすぎて、損害論がおろそかになる点である。

　交通事故事案では、相手方に金銭賠償を求めていくわけであるが、解決金額を決定する要素としては、過失割合もさることながら、各項目の損害額も重要な要素を占める。

　例えば、「相手方から言われた過失割合に納得がいかない」と依頼を受け、過失割合に関して交渉を行った結果、依頼者が希望していた過失割合になったとする。

　しかし、その過失割合で双方損害額を計算し、依頼者がもらえる金額を示すと、依頼者が思っていたよりも金額が低くなってしまい、納得が得られない[5] ということがある。

　そのため、過失割合の交渉と並行して損害についての交渉を進めることが重要である。また、依頼者に事案の見通しを説明する、あるいは、解決に向けた了解をとる際には、過失割合の見通しだけでなく、双方の損害額を踏まえた場合に、解決金額としていくら受領できるのかなど、具体的かつ詳細に説明しておくことが重要である。

---

[5] なお、事案の進め方としては、損害論を先に決着させ、その後責任論を決着させるほうがわかりやすい。

　特に、物損事案において、訴訟に至る場合には、訴訟前に損害論に関する争いを可能な限り決着させておくのが無難である。

　物損の損害論に関する議論については、専門的な要素が多く、特に修理内容や修理金額の妥当性については、専門的事項であるがゆえに、裁判になった場合の対処に苦労することが多い。

3　事故発生直後に収集すべき証拠

❶ 迅速な証拠収集の重要性

　交通事故に限らず、あらゆる事件で共通するところではあるが、事件に関する証拠については、迅速に押さえることが求められる。

　人的証拠であれば、時間の経過とともに記憶が薄れていき、証拠価値が低下していくし、時間の経過によって物理的に入手不能となってしまう証拠もある。

　以下、交通事故事件において、事故発生直後の段階で特に注意して収集すべき証拠をいくつか挙げておく。

❷ ドライブレコーダー映像

　交通事故状況を示す、最たる証拠がドライブレコーダー映像である。

　ドライブレコーダー映像については、媒体によって記録方法が異なるが、常時録画のようなタイプだと、時間の経過によって事故の映像が上書きされてしまうことがある。

　ドライブレコーダーを設置した依頼者も、普段は利用場面がないことから、このような特性を知らず、ドライブレコーダーを設置していたにもかかわらず、映像が消えてしまったということも多く見られる。

　そのため、外部媒体にデータの保存ができていないことが判明した場合には、映像の保存・バックアップを行うよう指示しておくことが重要である。

❸ 防犯カメラ映像

　また、防犯カメラ映像も、事故状況を記録した重要証拠となりうる。

　防犯カメラ映像は、設置場所が限られている関係で、登場する場面は多くはないが、コンビニや店舗等の駐車場の事故でしばしば登場する。

　防犯カメラ映像を取り扱ううえで特に注意すべき点は、保存期間の短さである。

　防犯カメラは基本的に常時録画を行っている関係で、保存期間が極端に短い場合があり、早ければ数日程度で映像が消えてしまうこともある。

　そのため、事故後速やかに店舗に連絡をして、映像の保存を依頼する必要があり、保存さえしてもらえれば、時間経過で消える可能性を排斥できる。

　防犯カメラ映像が存在する可能性のあるケースで、映像保全措置がとられていない場合には、速やかに防犯カメラ映像の保全[6]を行うことが重要である。

❹ 目撃者[7]

　目撃者が存在する事案もしばしば存在する。事故直後に依頼者が目撃者を確保している場合で、事故状況が紛争化する懸念がある事案の場合には、早めに目撃者からの聴取を行うとともに、陳述書等で書面化したり、将来紛争化した際の協力依頼[8]等を行っておくことが考えられる。

---

[6] なお、保存してもらった映像を取得する方法については、店舗ごとに対応が異なる。任意に開示してもらえる場合もあるし、弁護士会照会を経て開示してもらえる場合もあるが、他者のプライバシーへの配慮等から、映像の開示自体を断られるケースも存在するので、必ず取得できるものでもない。

[7] 人そのものではなく、他の車両に搭載されているドライブレコーダー映像に事故状況が記録されていて、目撃者のような役割を果たすこともある。

　例えば、自車のドライブレコーダー映像を確認した際に、現場付近を走行していた運送会社のトラックが確認できたとする。

　その場合、当該運送会社の協力が得られれば、運行記録等から事故時に走行していたトラックを特定し、ドライブレコーダー映像を提供してもらえることもある。

[8] なお、事案帰趨次第では、裁判所への証人尋問協力等、目撃者に相応の負担をお願いするような事態も考えられるが、協力依頼において、どこまで説明しておくかについては悩ましい問題である。

❺ 写真

写真も重要な証拠の一つである。

現場写真、車両写真等、写真データは重要な証拠となりうるものであるから、依頼者には、写真撮影指示や、すでに撮影した写真の保全を指示しておくことが重要である。

場合によっては、写真がないことで立証不能となってしまう場合も存在するため、注意が必要である。

例えば、車両の修理を完了してしまった後で、車両の損傷写真がないという事態になれば、相手方から損傷状況を争われた場合に、損傷状況を立証する手段がなくなってしまうことにもなりかねない。

4 依頼者へのアドバイス

❶ 介入タイミングの指摘

　相談時に依頼を受けず、後日弁護士が介入する形をとる場合には、相談者から聞き取った内容から判明した、あるいは、想定される問題点を踏まえ、弁護士が介入するタイミングを検討し、説明を行っておく。

❷ リスク説明と対応

　相談者から聞き取った内容から判明した、あるいは、想定される問題点を説明し、リスク面や必要な対処についてアドバイスしておく。

　問題点については各ケースに解説を委ねるが、事故直後の段階で特に説明すべき点をいくつか挙げておく。

1　全損・分損が微妙な場合の対応

　初度登録後、長期間を経過している車両が事故に遭った場合によく見られるが、車両時価額が低額に留まる一方で、車両修理代が車両時価額よりも高額になってしまうことから、いわゆる経済的全損の問題が起きてしまうケースがある。

　この場合、漫然と車両修理を行ってしまうと、当方に過失がないような事故でも、後に車両修理代全額を回収できなくなるリスクがある。

　この点を踏まえ、面談時に、車両時価額が低額になる可能性が想定される場合には、経済的全損の問題が生じうることを指摘し、場合によっ

9　なお、事故の相手方の保険にいわゆる対物超過特約が付保されている場合には、経済的全損の場合であっても、対物超過特約の保険金額範囲内であれば修理代を得ることが可能であるが、車両修理が条件であったり、対物超過特約を利用できる期間に制限があることに注意する必要がある。

ては、修理代全額が回収できない可能性を説明したうえで、修理をするのかどうかについて、慎重に検討してもらう必要がある[9]。

2 代車利用に関する注意事項

　被害者が車種、利用期間を問わず、修理が終わるまで、あるいは、事故が解決するまでの間、制限なく代車費用を負担してもらえると誤認しているケースが散見される。

　当然であるが、代車費用は交通事故と相当因果関係が認められる範囲でしか相手方に請求できない。この点を意識せずに、代車を無考慮に利用してしまい、相手方に負担させられない事態になってしまうと、被害事故なのに代車費用を自己負担してしまうということにもなりかねない。

3 整骨院受診に関する注意事項

　整骨院等、柔道整復師の施術を受けるケースが多いが、医療機関の受診にかかる治療費とは異なり、裁判例上は一定条件の下で、認められるという立場がとられている。

　以上の点は一般にあまり浸透していないところであり、訴訟に至った場合に、整骨院治療費が否定され、不測の損害を被ることも見られるから、一定程度説明を行っておく必要がある。詳細は後述する(33頁参照)。

4 社会保険、労災保険利用に関するアドバイス

　被害事故の場合には、相手方保険会社が一括対応をするため、特に考慮なく、自由診療での通院を行うことが多いが、自身にも過失が存在する事故の場合には、自己過失分については、帰結として自己負担になるのであるから、社会保険や労災保険を利用したほうが、自己負担額を減額できる。詳細は後述する（37頁参照）。

5 ここが受任のタイミング

❶ 受任のタイミング

　基本的には、納得がいかない過失割合を提示されたとか、提示された金額に納得がいかないなど、相手方との間で話がこじれてしまう場面になれば、弁護士が介入するタイミングと考えていい。

　争点となりうる部分については、各ケースに委ねるが、被害者にとってみれば何がおかしいのか、何が妥当なのかはわからないのであるから、相談者に対しては、疑問に思ったことは些細なことでも相談するようアドバイスしておくとよい。特に示談直前の段階では、示談する前に、示談内容が妥当なのかどうかについて、一度弁護士に相談してから判断するように指示すべきである。

❷ 早期に受任した場合の注意点

　また、事故直後に受任したような場合だと、先の項目で説明した、事故直後にやっておくべきことが、まさに弁護士の業務として降りかかってくることとなる。

　例えば、受任時点で防犯カメラ映像の保全ができていない場合に、漫然と業務を進めてしまうと、防犯カメラ映像が消えてしまい、重要証拠を失ってしまうことにもなりかねない。

　早期の段階、特に事故直後に受任するようなケースにおいては、スピード感をもった対応を心掛けたい。

6 相手が任意保険に 加入していない場合の対応

❶ 対応の問題点

　事案によっては、相手方が任意保険に加入していないことがあり、このような相手方を無保険車などと呼ぶことがある。

　任意保険の加入がないため、以下のような問題が生じる。

1　無資力リスクがある

　被害者の損害に対して、任意保険が使えないため、物損については全額、人損については自賠責保険の上限額を超える部分を相手方本人から直接支払いを受ける必要がある。

　したがって、相手方の無資力リスクを考慮して事案を進める必要があり、債権回収事案のような対応を迫られることになる。

2　保険会社の介入が得られない

　保険会社の介入がないために、相手方本人と直接交渉する必要がある。

　相手方本人と対応するがゆえに、保険会社との話し合いであれば当然の前提であり、通常であれば争点化しない点[10]が争点となってしまう場合がある。これにより、交渉が難航し、訴訟に至ってしまい、長期化してしまうことも往々にして存在する。

---

[10] よく見られるのが、修理費に関する問題である。修理費については、修理工場間で工賃単価が違う等の理由により、修理工場によって価格差が見られる。そのため、当方提示の見積もりに対して、相手方が相見積もりを取るなどして、修理金額を争われるケースがある。この場合、車の修理という専門的事柄であるがゆえに、相手方の説得に苦慮したり、訴訟での立証にも大変な作業を要することもある。こうした問題に直面した場合には、依頼者が加入している保険会社に協力が得られるようなら、修理見積もりの妥当性を認証してもらう等、積極的に協力を仰ぎたいところである。

❷ 対応のポイント

1　保険利用を積極的に検討する

　無資力リスクを回避するためには、依頼者が加入している保険、特に保険等級に影響がない保険については、積極的に利用することが重要である。

　例えば、人損については、人身傷害保険を積極的に利用すべきであるし、物損については、レンタカー費用特約やレッカー費用特約については通常、利用しても、保険等級に影響がないため、積極的に利用すべきである[11]。

2　支出を伴う対応については慎重姿勢をとる

　無資力リスクを考慮し、費用支出を伴う対応については慎重姿勢をとるのが無難である。

　例えば、レンタカー費用特約がない場合に、あとで相手方から回収できればいいとして、レンタカーを無考慮に利用してしまうと、後に相手方からの回収ができない場合には、被害者が自己負担を強いられることになる。

　そのため、レンタカーの利用を慎重に検討させるとともに、利用する場合であっても、借りる車種や期間等を工夫することにより、費用低額化に努めるのが重要である。

3　事案見通しを丁寧に伝える

　無資力リスクについて説明し、賠償金が得られないリスクがあること、相手方が支払いに応じるとしても、資力によっては回収に長期を要する可能性があること、訴訟リスク等で長期化する可能性があること等を説明し、事案見通しやスケジュール感を丁寧に伝えることが重要である。

　説明を怠ってしまうと、後に依頼者との間でのトラブルに発展しかね

---

[11] 無保険車に追突された場合等、「相手方が悪い事故なのに、なぜ自分の保険を使わないといけないのか」と難色を示す場合がたまに見られる。しかし、保険等級が上がらない保険については、利用を回避するメリットはなく、無資力リスクを理解してもらい、利用方向に促すことが重要である。

ない。

4 請求する相手方を検討する

　債権回収事案的な発想にはなるが、無資力リスクを回避するためには、資力ある回収先を発見することが一つの突破口になる。

　そのため、事故の運転者以外に請求可能な相手方がいないかについては慎重に検討する必要がある。例えば、運転者と車検証上の所有者が異なっている場合には、所有者に運行供用者責任（自賠法3条）を問える可能性がある。その他、使用者責任（民法715条）の追及先がないかも検討する余地がある。

7 ミスゼロのための チェックポイント

❶ 安易に整骨院に通院させない

1　整骨院通院そのもののリスク説明

　まず、整骨院への通院については、近時、多数の裁判例が出ている。また、日弁連交通事故相談センター主催の東京地方裁判所民事 27 部の裁判官による講演により、整骨院通院による施術費用の必要性・相当性が認められる要件についての説明がなされた（赤い本 2018 年版下巻 27 頁以下参照）。これによると、施術費用が、事故と相当因果関係を有するものとして認定されるためには、①施術の必要性、②施術の有効性、③施術内容の合理性、④施術期間の相当性、⑤施術費用の相当性が挙げられており、それぞれ、認定のハードルが若干、高いものとなっている。よって、裁判をした場合で、加害者側が施術費用について否認（もしくは、一部否認）をしてきた場合、実際にかかった施術費用全額が、事故と相当因果関係を有すると認定される可能性は低い（実際に、発刊されている自保ジャーナルを数号読めば、大抵、一つぐらいは、施術費用を一部否認、ないし全部否認されている事例に当たる）。

　他方で、交渉中、加害者側保険会社は、整骨院から請求されている施術費用については、何も言わず、全額支払うことも多い。そして、加害者側保険会社が支払った費用については、基本的には、全額、損益相殺の対象となる。

　そうすると、将来的に裁判をした場合、多くの場合において、施術費用が一部否認され、他方で、加害者側保険会社の支払った施術費用については、全額損益相殺がなされるという結果になる。これは、つまるところ、あたかも慰謝料から施術費用を支払ったという構図がとられていることと同様の結論となり、整骨院のみが得をし、被害者が損をしてい

るということと、ほぼ同じこととなる。

　かかる結論は、被害者が望むことがないことは明らかである。

　そうだとすると、このような結論にならないように、相談を受けた弁護士は、通院先につき、病院のみにすることを強く勧めるべきである。

2　整骨院通院の施術費用についてのリスク説明（健康保険利用）

　整骨院の施術費用については、健康保険を利用した場合と、自由診療の場合とで、費用に大きな差が生じることが多いことを説明し、どうしても整骨院に通院するのであれば、健康保険を利用するべきであると伝えておくべきである。相談者に対しては、健康保険を利用した場合と、自由診療との場合で、約7倍程度の差が生じることもあると説明しておけば問題はないと思われる（10割負担であることを前提とした積算。実際に窓口で患者が整骨院に支払うのは、健康保険の種別によるが、そのうちの3割程度となる）。

　なお、詳細について説明をすると、次のとおりである。

　すなわち、整骨院の施術費用については、一般的に、初検料（もしくは、再検料）、指導管理料、施術費明細書料という1か月あたり、1回程度の費用のもののほか、毎回の施術に対する費用がかかる。このうち、初検料（もしくは、再検料）については、健康保険基準と比較すると、通常2倍程度であり、また費用も自由診療の場合、初検料が数千円、再検料が500円程度であることが多いことから、それほど大きな問題はない。また、指導管理料も1000円程度であり、また、施術費明細書料も5000円程度であることからすれば、大きな問題とはならない（ただ、それでも健康保険利用の場合と比較し、高額であることは間違いない）。

　しかしながら、大きな違いが発生するのは、毎回の施術に対する費用である。大抵の場合、整骨院が行う施術は、①後療料、②電療料、③あん法料の3点を、④部位毎に行う。そして、この費用が、健康保険基準と比較して、大きな違いとなるのである。

　すなわち、①後療料については、自由診療の場合、1〜2部位までは、1部位あたり1230円程度に、3部位以降については、1部位あたり740円にされることが多いが、健康保険の場合、1〜2部位までは、1

部位あたり 505 円、3 部位以降については、一律 303 円とされる（健康保険の場合、4 部位以降については、積算されない）。

　また、②電療料については、自由診療の場合、1 ～ 2 部位までは、1 部位あたり 1100 円程度に、3 部位以降については、1 部位あたり 660 円にされることが多いが、健康保険の場合、1 ～ 2 部位までは、1 部位あたり 30 円、3 部位以降については、一律 18 円とされる（健康保険の場合、4 部位以降については、積算されない）。

　さらに、③あん法料については、自由診療の場合、1 ～ 2 部位までは、1 部位あたり 200 円程度に、3 部位以降については、1 部位あたり 120 円にされることが多いが、健康保険の場合、1 ～ 2 部位までは、1 部位あたり 75 円程度に、3 部位以降については、45 円とされる（健康保険の場合、4 部位以降については、積算されない）。

　しかも、④部位数について、自由診療の場合、整骨院にもよるものの、部位を細かく分けてくる整骨院も散見される。例えば、頚部、左肩、左肘、左手というような場合、4 部位としてカウントしてくるということである。他方、健康保険の場合、近接部位については、1 部位としてカウントされる。よって、上記のような事例の場合、通常、2 部位としてカウントされる。

　そして、それぞれが、かけ算にて計算されることから、最終的な金額如何によるものの、7 倍程度の差が生じることも珍しくないということである（詳細については、次頁の例参照）。

　以上から、整骨院通院については、どうしても通院をするということであれば、健康保険を利用した通院にしなければ、総額がとても大きくなる。これは、前記整骨院の施術費用の相当因果関係が争われた際に、非常に大きなリスクになる。よって、どうしても通院をするのであれば、健康保険を利用するよう話しておくべきである。

■整骨院の施術費用の計算

例：頚部、左肩、左肘、左手につき、後療、電療、あん法を 20 日間行った場合で、上記記載の施術単価のとき

・自由診療
　　（1230 円 +1230 円 +740 円 +740 円）× 20 日間
　+（1100 円 +1100 円 +660 円 +660 円）× 20 日間
　+（200 円 +200 円 +120 円 +120 円）× 20 日間
　=16 万 2000 円

・健康保険（3 部位認定された場合）
　　（505 円 +505 円 +303 円）× 20 日間
　+（30 円 +30 円 +18 円）× 20 日間
　+（75 円 +75 円 +45 円）× 20 日間
　= 3 万 1720 円

・健康保険（2 部位認定された場合）
　　（505 円 +505 円）× 20 日間
　+（30 円 +30 円）× 20 日間
　+（75 円 +75 円）× 20 日間
　= 2 万 4400 円

3　病院との併用

　この点、整骨院に通院していることから、病院に通院されない相談者も少なくない。しかしながら、整骨院では診断書を記載してもらうことができず、また、裁判所も整骨院の柔道整復師の所見では、被害者の傷病名について、認定しない可能性が非常に高い。よって、診断書を作成することができる病院には、どんなに少なくとも月に 1 回、通常は、最低でも 2 週間に 1 回程度、可能な限り、週 1 〜 2 回程度の通院は必須である。

4　骨折治療

　整骨院では、緊急の場合を除き、原則として、骨折部位についての施術は、法律上、禁止されている。よって、骨折等が含まれている事案に

おいては、整骨院での施術がなされないようにすべきである。

　もちろん、医師からの指示等があれば、別であるが、通常、医師が指示をすることは少なく、また、医師の指示自体の相当性が争われることも少なくない。

　そうであるとすれば、相談者のリスク回避という観点からは、弁護士としては、骨折がある場合、整骨院への通院は止めるよう話しておくべきである。

❷ 健康保険の利用を勧める

　前記記載のとおり、加害者側保険会社が支払った費用については、原則として、全額、損益相殺の対象となる。

　また、病院での通院の際、健康保険等を利用しない場合、いわゆる自由診療となり、自由診療の場合、健康保険を利用した場合の2倍の費用が治療費として積算されることが多い。

　そうすると、過失相殺がある事案の場合、健康保険を利用しなければ、2倍の治療費が損害として計上され、過失相殺後、加害者側保険会社が支払った費用につき、損益相殺がなされることとなる。

　かかる結論は、結局のところ、慰謝料から、病院に過失割合分、治療費を支払っていることと同じ構図になり、被害者が求める結論と異なることは少なくない。

　よって、過失相殺が出てくる事案については、健康保険を利用したほうがよい。

　なお、東京地方裁判所民事第27部（交通事故専門部）にて言い渡された東京地判平25年8月6日自保1905号17頁以下によれば、いわゆる軽傷事案の場合には、健康保険基準にて治療費を積算することで問題はない旨、判示し、自由診療として計算された治療費につき、一部、否認している。そして、同様の結論を採っている裁判例も少なくない。

　この場合、結局、治療費が減額されることとなるから、過失相殺がなかったとしても、慰謝料から病院に治療費を支払ったという構図になり、被害者が求める結論と異なることもある。

よって、軽傷事案においても、健康保険等を利用したほうがよい。

❸ 休業損害がある場合は労災利用を検討する

休業損害がある場合、少なくとも、労災の特別療養給付金（通常、休業損害の2割分）だけでも、請求させてもらえるとよい。

すなわち、労災を利用した場合、基本的には、全額、損益相殺の対象となることから、労災を利用しても、被害者が得をするということはない。

しかしながら、労災の特別療養給付金については、いわゆるお見舞い金的な性格があることや、求償規定がないことから、損益相殺の対象とはならない（最判平8年2月23日判時1560号91頁）。よって、この点については、純粋に被害者がもらえる保険金という性質を持つことから、請求させてもらえるとよい。

もっとも、労災利用に関しては、勤務先との調整が必要となり、勤務先によっては、労災利用を事実上、拒む可能性もある点に、注意が必要である。

❹ 休業がある場合は有休利用を勧める

休業がある場合で、有給休暇の日数が残っているのであれば、有休利用を勧めるべきである。

すなわち、有休を利用したとしても、休業損害は認められるし、有休を利用しない場合、欠勤扱いとなり、勤務先との関係で、評価や次年度の有休に差が出てくることもある。

よって、有給休暇を利用することができるのであれば、有給休暇を利用すべきである。

❺ 依頼者が利用できる保険を確認させる

事故が発生した場合、事故の相手方と色々な事情でもめることは少な

くない。そのような場合、依頼者がどのような選択肢をとることができるのかに関連して、依頼者が使える保険を確認させておくのは、重要なポイントである。

　なお、この点、自身に過失が存しないことから、確認を怠るケースも多々見られるが、過失が存しなくても利用したほうがよいケースも多い。例えば、次に記載した車両保険については、基本的には、自身に過失があるケースや、当て逃げをされたケースで利用することが多いが、損害額に争いが出た場合にも利用することができるほか、保険によっては、無過失が認定できる場合には、保険等級に影響が出ない保険（いわゆる無過失特約）が付帯されているケースもある。そこで、そのようなケースでは、早期に紛争から離脱するために、早々に利用したほうがよいケースもある。

　交通事故に関連する保険としては、次のような内容の保険がある（名称については、保険会社により異なる）。

- ・弁護士費用特約（自身が法律相談や、弁護士に依頼をする際に必要となる費用についての保険）
- ・搭乗者傷害特約／人身傷害保険一時金（通院日数によって、１日通院あたり定額が支払われる保険や、通院日数が一定数を超えると定額が支払われる保険）
- ・車両保険（自分の車両の修理費用等につき、支払われる保険）
- ・レンタカー費用特約（自分の車両の代替車両を借りる際に必要となるレンタカー費用を支払う保険）
- ・レッカー費用特約（自分の車両を搬送する際に必要となる保険）
- ・（自転車事故のような場合）個人賠償責任保険
- ・傷害保険（損害保険ではなく、生命保険の部類になるが、これも通院日数によって定額を支払われる）

❻ 証拠保全はできるだけ早く、正確に、大量に

　この点については、前記で記載のとおりである（24頁参照）。

❼ 人身事故への切り替えを検討する

　この点には、悩ましい問題があるが、人身事故に切り替えた場合、実況見分がなされ、将来、刑事記録を取り付けた場合、実況見分調書を取得することができるようになるという点が、一番大きなポイントである。

　過失割合に争いがあるような場合で、ドライブレコーダー等が存しない場合、刑事記録以外では立証不十分となるケースも少なくない。よって、人身事故に切り替えるかどうかについては、早々に判断をさせ、決めさせたほうがよい。

　なお、法律上は、事故後、しばらく経ったとしても、警察は、被害者から診断書等を提出され、人身事故として受理した場合には、捜査を開始するべき状況となる。しかしながら、実務上、事故から1か月以上経過してくると、警察は窓口にて、受理を事実上、断ってくることが多い。よって、人身事故に切り替えるのであれば、早々に対応をするべきである。

❽ 色々な書面の保全を指示する

　事故が発生した場合、警察、自分の保険会社、相手方の保険会社、修理工場、病院等、色々な機関に関わることがあり、それぞれから書面の提出を求められたり、色々な書面を渡されたりする。

　法律家であれば、大抵の書面は写しを取り、控えとして保管しておくが、一般にはそのような文化は少なく、控えを取っていなかったり、渡された書面を処分したりすることも少なくない。

　しかしながら、そのような書面が、将来、重要な証拠となる可能性もあることから、必ず、証拠となるように保全をしておくべきである。

　保全手段としては、通常は、コピーやPDFファイルにしておくことになるが、前記記載のとおり、近時のスマートフォン等の内蔵カメラの性能が優れていることから、スマートフォンにて撮影をしておく方法でも十分であり、また、スマートフォンでの撮影であれば、自宅等にて、費用もかからず可能であることから、簡単にできる方法として便利であ

る。

❾ 争点以外の話もしておく

　事故発生直後は、争点自体が明確になっていないことが多い。よって、この時点では、事故全体の内容（損害論／責任論＝事故状況）を確認することが多く、その場合には、大きな問題はない。

　他方で、すでに争点が出ている事案の場合、相談者（依頼者）からは、争点に関する情報しか伝えられないことが多く、弁護士側も「質問に答える」というスタンスでいえば、争点に関する回答をすれば足りるということになる。

　しかしながら、争点に関する回答をし、その争点については依頼者に利益となる結果となったとしても、全体として見た場合、依頼者の利益にならない結論になることも少なくない（例えば、相手方が、対物超過特約に加入しているような事例においては、過失割合を譲歩しても、対物超過特約（相手方が利用するかどうかは、相手方の任意）を利用してもらったほうがベターであるという結論もある）。

　よって、どんな事案であったとしても、事故全体を概ね、把握しておくべきである。

物損事故の依頼

【事例】「追突され、私の車が大破してしまいました」

　甲弁護士は、妹Xから「私の友人（A）がつい先日交通事故に遭って困っているみたいだから相談にのってあげてよ。幸いAに怪我はなかったんだけど車が壊れちゃったって。相手の保険会社が修理のお金を払ってくれないらしくてどうしていいかわからないみたい。私の友人なので特別価格で安く相談にのってあげてね」との連絡を受けた。「安くかぁ」と少しひっかかりはしたものの、すぐにXを通じて連絡を取り、2日後に甲事務所にてAと面談することとなった。

―面談当日―

甲：初めまして。いつも妹Xがお世話になっております。Xの兄の弁護士甲です。先日事故に遭われたとお聞きしています。本日はよろしくお願いします。

A：よろしくお願いします。Xちゃんとは高校からの友達で今でもよく遊んだりしてお世話になっています。お兄さんが弁護士だと聞いていたので今回はXちゃんにお願いしてお話を聞いていただくことになりました。

　Xちゃんとは今度私の車でグランピングにでも行こうかと話していたんですが、今回事故に遭ってしまって車が……。

甲：車の状態についてはまた後でお聞きしますが、まずどんな事故だったのか、詳しく聞かせてもらえますか？

A：はい。この間の休みの日に、一人で車を運転して郊外の大きな会員制スーパーに買い物に行った帰りでした。

　家の近くまで帰ってきたところで赤信号で止まっていたのですが、突然すごい衝撃で。一瞬何が起こったかわかりませんでしたが、よそ見運転をして前方を見ていなかった後続車が赤信号や私の車に気づか

ずにぶつかってきたみたいです。

甲：それは……、怪我がないのが奇跡のような事故でしたね。

A：本当に運がよかったです。学生時代からレスリングで体幹を鍛え、今でも日々の筋トレは怠っていませんでしたので、そのおかげかもしれません。事故を見ていた歩行者の方がすぐに救急車を呼んでくれましたが、私は何ともなかったので病院には行きませんでした。今も特に身体に異常はありません。車はレッカーで運ばれていったみたいです。

甲：お相手の方は無事でしたか？

A：お相手の方は怪我をされて数日入院されたと聞いています。

甲：やはりAさんに怪我がなかったのは奇跡ですね。まあ、こちらが赤信号で停車しているところへの追突事故ですので、今回の事故についてAさんに過失はありません。ですので、相手方への賠償は考えなくてよさそうですね。相手方の保険会社からは連絡が来ていますか？

A：はい。事故後すぐに相手方が加入している任意保険の会社に連絡してくれましたので、私のところへもすぐに連絡がありました。

甲：車の修理について、保険会社から何か具体的な話はされていますか？

A：はい。車は大破してしまったので修理して乗るのも縁起が悪いし、「同じ車に買い替える費用を賠償してください」とお願いしたのですが、相手方の保険会社から「それはできない」と言われてしまって……。

　　相手の保険会社が私の車の状況を見てくれましたが、かなり低い金額を提示されています。確か、何とか修理はできるがゼンソン？　だからとか何とか言っていました。ひどくないですか？　私は悪くないのに。

甲：なるほど、いわゆる全損ですね。もう修理しても直る見込みがないという場合の物理的全損と、修理費用よりもその車の時価額が低いと判断された場合の経済的全損の2種類がありますが、今回は後者だと相手方の保険会社は考えているのでしょう。

　　Aさんは修理して乗り続けるよりは新しく車を買い替えたいと考えているんですね？

Ａ：そんなにいい車ではないけれど、頑張ってローンを組んで買ったお気に入りの車でした。愛着もあったので、とても悲しいですが、やはり事故に遭った車ですから、できれば買い替えたいと思っています。

甲：わかりました。修理するか、買い替えるか、Ａさんの車の時価額を調べてみる必要がありますね。他に何か困っていることはありませんか？

　　Ｘから聞いた話だと、確かＡさんは配送業をしていたのでは……。

Ａ：はい、あの車を使って配送業をしていました。事故後は代車を借りて仕事を何とか続けています。

甲：代車を借りられているのですね、それはよかった。

Ａ：はい、車がないと仕事ができないので助かりました。

甲：Ａさんの加入している任意保険ですが、車両保険は付いてますか？

Ａ：たしか、車両保険にも入っていたはずです。

甲：わかりました。それでは、まずは私がＡさんの代理人として相手方の保険会社と交渉しましょう。もしも交渉でまとまらないようであれば訴訟提起することになるでしょうが、弁護士費用は交渉、訴訟いずれにしても通常より安くしておきますのでご安心ください。Ｘの友人ですので。

Ａ：さすが甲先生、ありがとうございます！　Ｘちゃんにも改めてお礼を言っておきますね。どうかよろしくお願いいたします。

甲：よろしくお願いします。

1 協定制度と全損問題について、依頼者の理解を得る

　物損事故については、事故車両の修理費あるいは時価額について両当事者で見解が相違し、争いになることが少なくない。特に、全損問題が絡む場合には依頼者にいかにして理解を得るか頭を悩ませることもある。

　ここでは、物損事故において損害額のうち大きなウエイトを占めることの多い車両の損害額認定における協定制度と全損問題について解説する。

❶ 協定制度とは

1　適正な修理

　交通事故が発生し車両に損傷が生じた場合、その修理費をもって当該車両の損害額とするのが基本である（後述する全損とはその例外である）。損害賠償とは、その不法行為がなかったならば存在したであろう利益状態と、その不法行為の結果、現実に存在している利益状態との差を埋める（回復する）ためになされるものだからである（差額説）。

　交通事故により車両が損壊した場合の利益状態の回復とは、すなわち車両の修理であるから、具体的に損害額を算出する方法としては、工場にて修理見積もりをとり、その修理費相当額を損害として認定するのが一般的である。

　しかし、その修理は適正な方法、価格でなされなければならない。そこで、実務においては、アジャスターによる協定制度が広く利用されている。

2 協定制度

　「協定」とは、保険会社の委託するアジャスターと修理工場との間で、当該損傷車両の修理に取り掛かる前に、損傷状況を確認、協議し、必要かつ適切な修理方法、修理箇所、修理費について両者の間で合意をすることをいう。「アジャスター」とは、一般社団法人日本損害保険協会の認定試験に合格し登録を受けた者をいい、各保険会社から委嘱を受け、物損事故における損害額等を調査する者をいう。

　相手方（加害者側）が任意保険に加入しており、当該事故に関して保険を利用する場合には、保険会社がアジャスターに委嘱して協定を行う。一方、相手方が任意保険に無加入の場合には、協定を行うことはできない。

　協定にあたって、アジャスターが当該修理工場に出向いて車両の損傷状態を直接確認しながら合意を行うこともあるが、修理工場から損傷状況の写真を取り寄せ（修理工場は修理前に損傷状況の写真を撮って保存していることがほとんどである）、写真から損傷状況を確認し、合意する場合もある。依頼者が修理工場に車両を入庫した際には相手方保険会社にその旨を知らせ、すぐに協定できるよう協力すべきである。

　協定がなされた、つまりアジャスター（アジャスターに委託している保険会社）と修理工場との間で修理費等の合意ができた場合には、その修理費相当額についてはお互い争わず、当該額をもって当該車両の損害額として認めるのが通常である。もっとも、争わない場合であっても、保険会社が作成した見積書や損害確認報告書は取り寄せておくことが望ましい。

　このように専門的知識・技能を持つアジャスターによる協定制度を利用することにより、事故車両の損害額を早期に確定させることが可能となり、より迅速な紛争解決、保険金支払いに資するものとなっている。

　なお、このような協定制度の他にも、修理前にアジャスターが写真と見積書を確認したり、被害車両を立ち会って確認したりして、見積書の内容が妥当かどうか検討する損害認定の方法や、修理工場と保険会社の間で、「将来修理をする場合には、この金額で修理をします」という趣旨の協定をする、いわゆる「事前協定」と呼ばれる方法も存在する。

❷ 全損とは

1　全損の定義

　ここまでは修理が可能な場合を前提としていたが、交通事故による損傷の結果、修理が不可能となってしまう場合もある。このように修理が不可能な場合を「全損」といい（これに対し、修理が可能な場合を「分損」という）、物理的全損と経済的全損という2パターンがある。

　いずれの場合にも、全損となった場合には修理費相当額ではなく、事故前の当該車両の時価額及び買替諸費用の合計額から事故車両の売却代金（スクラップ代金を含む）を控除した金額（買替差額）が損害額となる。

　なお、車両の修理費相当額が破損前の当該車両と同種同等の車両を取得するのに必要な交換価値を著しく上回るとはいえない場合に、修理費相当額をもって損害とする裁判例もある（名古屋地判平15年2月28日自保1499号17頁）。

2　物理的全損

　物理的全損とは、車両が事故により大破し修理が不可能な場合や、フレーム等車体の重要な本質的な部分に重大な損傷を受けた場合等、文字通り物理的に修理することが不可能な場合をいう。修理が不可能であることから修理費相当額という問題にはならず、買替差額をもって損害額とする。

3　経済的全損

　物理的全損に対し、修理は物理的に可能ではあるが、その修理費が事故前の車両時価額及び買替諸費用の合計額を上回る場合を経済的全損という。例えば、修理費は100万円かかるが、当該車両の時価額が50万円、車両の買替諸費用が10万円である場合には、修理費100万円ではなく、時価額及び買替諸費用の合計額60万円を損害額とする、ということになる。

　もっとも、①被害車両と同種同等の自動車を中古車市場において取得

することが至難である場合や、②被害者が被害車両の代物を取得するに足りる価格相当額を超える高額の修理費を投じても被害車両を修理し、これを引き続き使用したいと希望することを社会通念上是認するに足りる相当の事由がある場合等、「特段の事情」があると認められれば、時価額を超える修理費を損害として認めるケースもある（東京高判昭57年6月17日判タ478号129頁）。

経済的全損の場合には、修理は物理的に不可能ではないことから、依頼者の理解がなかなか得られないことも少なくない。依頼者からすれば、修理できるのにもかかわらず、修理費よりも低い額しか損害として認められないように映るからである。

しかし、時価額50万円の車両であれば同額を賠償すれば同種同等の車両を再取得できると考えられるのであって、それにもかかわらず100万円の修理費を損害として賠償したのでは、事故がなかったならば存在した利益状態の回復を超えた賠償を加害者に強いることになる。

依頼者の不満に理解を示しつつ丁寧に説明し、納得を得るべきである。

❸ 車両時価額

分損となるか全損となるかを判断するためには、車両時価額を適切に認定しなければならない。

時価額の認定にあたっては、まず「自動車価格月報」（実務では「レッドブック」と呼ばれている）を参考にすることが多いが、「中古車価格ガイドブック」（こちらは「イエローブック」と呼ばれる）も参照されることがあるようである。レッドブック等は弁護士会の図書館に置かれているケースもあるが、保険会社に依頼してコピーを入手することもある。

レッドブックは、国産の乗用車については毎月、輸入車について偶数月毎、商用車やトラック、バス、軽四輪及びバイクについては奇数月毎に発行されており、登録後10年間の価格が記載されている。

しかし昨今では、中古車販売事業者等が運営する、車種や年式、グレード、走行距離等細かな条件を設定して検索できるインターネットサイト

が利用でき、リアルタイムでの市場価格を即座に検索できるため非常に有用である。また、ここでの市場価格はレッドブックに記載される額よりも高額となるケースが多いため、レッドブックのみならず、これらサイトも活用されたい。

❹ 買替諸費用

　買替諸費用には、登録、車庫証明、廃車の法定手数料のほか、これら各種手続を行ってくれるディーラーの報酬部分のうち相当額、及び自動車取得税も含まれる。また、事故車両の自動車重量税の未経過分（「使用済自動車の再資源化等に関する法律」により還元された分は除く）も損害として認められる。

　一方、事故車両の自賠責保険料、買替車両の自動車税、自動車重量税及び自賠責保険料は損害として認められない。

　これら買替諸費用については、ディーラーに見積もりをもらうほか、前述の中古車販売事業者の運営するインターネットサイトにておおよその額を知ることができるので参考になる（車両の本体価格を含め「支払総額」等と記載されている）。

❺ 修理をするか、買替えをするか

　これまで述べてきたように、車両損害については、分損の場合は、修理費、全損の場合は買替差額が賠償されることになる。もっとも、現に修理や買替えをしなければ、これらの請求が認められなくなるわけではない。修理をしなくとも修理費用を請求することはできるし、買替えをしなくとも買替差額を請求することはできる（石井義規「全損事故における損害概念及び賠償者代位との関係」赤い本2019年版下巻17頁参照）。

2 代車費用と休車損害が発生していないか検討する

　「1　協定制度と全損問題について、依頼者の理解を得る」（47頁）のとおり、車両の損害については、修理費用が賠償される場合（分損の場合）と買替差額が賠償される場合（全損の場合）がある。もっとも、これらの損害が賠償されたとしても、少なくとも、車両を修理する期間ないし車両を買い替える期間は、被害者の手元に車両が存在しないこととなってしまう（他に車両を所有ないし占有している場合は別であるが）。この場合、事故車両で通勤をしていた人は通勤に不便が生じることとなるし、事故車両を用いて仕事をしていた人は車両がなければ仕事ができなくなってしまう。

　そこで、上記期間に代車を使用した場合に代車費用を請求できるか、代車が使用できない場合、事故車両が使用できないことにより喪失した得べかりし利益（いわゆる休車損害）を請求できるか、といったことが問題となる。

❶ 代車費用

1　代車費用の発生

　事故車両を修理工場にて修理している間、当該車両を使用することができないことからレンタカー等を使用した場合、その車種、使用期間に応じて代車費用が発生する。また、全損となり車両の買替えが必要になった場合にも買替えまでの期間、レンタカーに頼らざるを得ず、ここでも同様に代車費用が発生する。

　もっとも、基本的に、代車費用が損害として認められるのは、すでに代車を使用している場合に限られる。被害車両をいまだ修理しておらず、将来修理をした際に発生する代車費用（いわゆる、将来の代車費用）や、

実際には代車を使用しなかった場合、または代車費用の負担がなかった場合に代車を有料使用していたと仮定した場合の損害（いわゆる仮定的代車費用）については、損害として認められないのが原則である（具体的には、今村あゆみ「代車費用に関連する諸問題（①将来の代車費用、②相当な代車費用の範囲等）」赤い本 2022 年版下巻 53 頁を参照）。

そのため、相手方に請求する際には、代車費用を負担した証拠として領収証を使用するため、依頼者に保管を指示しておくとよい。

2　代車の使用期間

代車は、現実に修理や買替えに要した期間のうち相当な期間に限り認められる。裁判実務上は、修理の場合は概ね 2 週間程度、買替えの場合は概ね 1 か月程度と認定されることが多い。

もっとも、保険会社の担当者が合理的な損害賠償額の算定方法について十分かつ丁寧な説明をし、被害者の理解を得られるように真摯な努力を尽くすために必要な交渉期間や、説明が不十分であったために被害者側が車両の修理または買替えに着手することができなかった期間については、代車費用を加害者側が負担すべきとされる場合もある（赤い本 2022 年版下巻 54 頁。また、具体的な代車費用の期間については、来司直美「代車使用の認められる相当期間」日弁連交通事故相談センター東京支部『交通事故による損害賠償の諸問題Ⅲ　損害賠償に関する講演録』（2008 年）208 頁を参照）。

❷ 休車損害

1　休車損害とは

事故車両が営業用車両の場合（ナンバープレートが緑地のもの等）には、修理期間中または買替期間中これを使用できないために、同期間営業を継続できていれば得られたであろう利益を得られなくなってしまう。この得られたであろう利益を損害として認めるのが休車損害である。

2　休車損害の発生

　休車損害は、車両を使用できなかったことによって発生する損害であるから、代車を使用している場合には認められない。代車を使用できるのであれば当該代車を使用して営業できるはずだからである。

　また、事故車両のほかに営業に使用できる車両（いわゆる「遊休車」）を利用できる場合、当該遊休車を使用して営業ができることから、休車損害は認められないのが原則である。ただし、遊休車は存在するが、その活用が実質的には困難な場合には例外的に休車損害が認められるケースもある。

3　休車損害の算定

　休車損害の額は、事故車両の1日あたりの営業収入から車両が使用できないことにより支払いを免れた変動経費（ガソリン代、有料道路料金等の経費）を減じた額に休車日数を乗じて算出するのが一般的である。

　事故車両を使用しているいないにかかわらず、かかってくる固定経費（減価償却費、保険料、駐車場料金、各種税金）は営業収入から差し引くことはできない。

4　自家用自動車を営業に使用していた場合

　休車損害は事故車両が営業用車両であることを原則としているが、自家用自動車であったとしても、代車の確保ができないような特殊な車両であれば、休車損害を認められる可能性はあるものと考えられる（松井千鶴子「物損－休車損の問題」東京三弁護士会交通事故処理委員会＝日弁連交通事故相談センター東京支部『交通事故による損害賠償の諸問題Ⅱ　損害賠償に関する講演録』（2000年）194頁）。

　例えば、自家用自動車に下水道調査のための特殊設備を備えつけていた事故車両につき、同じ設備を有する代替品を容易には調達できず、遊休車もないことから、稼働していれば得られたであろう利益を損害として認めている裁判例がある（さいたま地判平26年10月7日交民47巻5号1262頁）。

3 評価損と物損の慰謝料について、依頼者に説明する

　「1　協定制度と全損問題について、依頼者の理解を得る」（47頁）及び「2　代車費用と休車損害が発生していないか検討する」（52頁）において述べたとおり、車両の損害額（修理費用または買替差額）、車両を使用できない期間に発生する損害（代車費用ないし休車損害）については賠償の対象となる。

　しかし、車両を傷つけられたにもかかわらず、これらの損害の支払いを受けただけでは満足しないという依頼者も多い。例えば、事故車両となってしまったことにより車両の評価が下がってしまったため、その損害を賠償してほしいとか（いわゆる評価損の問題）、自分が大切にしていた車両を傷つけられ、精神的苦痛を被ったため、その損害を賠償してほしい（いわゆる物損の慰謝料の問題）といった要望が依頼者からされることが多い。

　そこで、これらの損害が認められるのかについて以下で説明する。

❶ 評価損

1　評価損とは

　分損となった場合、修理は可能であるわけだが、修理をしてもその機能や外観に欠陥が残ってしまったり、事故歴がついてしまったりした結果、当該車両の評価が下がってしまうことがある。

　この場合の事故車両の価格の下落分を評価損と呼び、損害として認められている。

2　技術上の評価損

　修理によっても技術上の限界から事故以前に事故車両が有していた機

能や外観を回復しきれない場合があり、これを技術上の評価損という。

　技術上の評価損は、事故車両自体の物理的損害を復旧できないということから、下落した価値を損害として認めることに争いはない。

3　取引上の評価損

　修理によって事故以前の状態に復旧した場合であっても修理歴は残り、当該車両が事故車両であるという事実も消すことはできない。そして、修理歴、事故歴がある車両は中古車市場においてマイナスの評価を受ける。

　しかし、物としての車両は修理により事故以前の状態にまで回復していることから、実務ではこれを当然に認めるのではなく、一定の基準をもって判断している。

4　評価損の判断基準

　評価損が発生しているか否かの判断にあたっては、
　　①事故車両の車種
　　②初年度登録からの経過期間
　　③走行距離
　　④損傷の部位と程度
　　⑤修理費用の額
等の要素が総合的に考量されている。

　事故車両がいわゆる高級車である場合には評価損が発生していると判断される傾向にあるが（①）、外国車や国産車でも人気車種の場合には、初年度登録から5年（②）・走行距離6万キロ程度（③）を超えている車両については評価損の発生が否定されるケースが多い。通常の国産車にいたっては、初年度登録から3年（②）・走行距離4万キロ程度（③）を超えた程度で評価損が認められない傾向にある。

5　評価損の金額

　評価損の発生が認められた場合、修理費の10〜30％程度の範囲内の金額が損害として認められることが多い。

❷ 物損の慰謝料

　まず前提として、物損の慰謝料は原則として認められない。このこと
は依頼者にしっかりと説明しておくべきである。

　もっとも、被害物件が、被害者にとって特別の主観的・精神的価値を
有する場合や、被害物件の損傷に伴い、生活の平穏を害され、または、
不便な生活を強いられるなどの不利益を受けるといった、いわゆる人格
的利益の毀損を肯定しうるような場合には、例外的に慰謝料が認められ
る余地がある（具体的には、浅岡千香子「物損に関連する慰謝料」日弁
連交通事故相談センター東京支部『交通事故による損害賠償の諸問題Ⅳ
損害賠償に関する講演録』（2020年）508頁を参照）。

4 物損事案において 弁護士が注意すべきポイント

❶ 物損事案の特徴

　物損事案の一番の特徴は、**被害者が満足を得られるほどの賠償がされることが非常に少ない点**にある。

　人損事案の場合には、慰謝料の賠償が認められるため、被害者が多少の費用を自己負担したところで、慰謝料により十分にカバーできる。その結果として、依頼者が経済的に満足を得られることは多い。また、人損事案の場合で人身傷害保険が付帯されていれば、被害者に過失があったとしても、過失がない場合と同等、ないしはそれに近い損害額の賠償を受けることができる可能性がある（具体的には、ケース３参照）。

　しかし、物損事案の場合には、「３　評価損と物損の慰謝料について、依頼者に説明する」（55頁）で述べたとおり、慰謝料が認められないのが原則である。その上、「１　協定制度と全損問題について、依頼者の理解を得る」（47頁）で述べたとおり、車両が全損となった場合には買替差額が認められるが、買替えのための諸費用のうち一部の項目は損害として認められない。また、「２　代車費用と休車損害が発生していないか検討する」（52頁）で述べたとおり、代車費用については代車を使用した全期間の代車費用が賠償されるとは限らないし、休車損害についても遊休車の不存在など、被害者に対して高い立証のハードルが設定されている。さらに、被害者に過失がある場合には、その過失分の損害については基本的に被害者が負担しなければならない。

　このような事情から（ほかにも多くの事情があるが）、物損事案の場合には、依頼者が経済的に満足を得られるケースが少ない。

　したがって、物損事案において弁護士が最も注意すべきポイントは、**依頼者が被る経済的（ないしは感情的な）不利益をどこまで減らすこと**

ができるか、という点にあると考える。そこで、以下において、かかる目的遂行のために、注意すべき主なポイントを説明する。もっとも、以下で説明するポイントはごく一部であり、事案に応じて臨機応変に対応すべきである。

　なお、❷の説明は、相手方が任意保険に加入している場合を前提としているが、相手方が任意保険に加入していない場合にも適用される部分がある。相手方が任意保険に加入していない場合については特殊な考慮が必要となるため、❸においてまとめて説明する。

❷ 相談時において確認すべき事項とその回答に応じた注意点

　まず、依頼者から相談を受けたときに、事故車両がどのような状況にあるのかを確認することが非常に重要である。考えられる主な状況としては、以下のようなものが考えられる。

　①事故車両が未修理であり、まだ使用を続けている
　②事故車両が未修理であるが、修理工場に入庫している
　③事故車両を修理（買替え）中、または修理（買替え）が完了している
　以下において、それぞれの場合の注意点を説明する。

1　事故車両が未修理であり、まだ使用を続けている場合
ア　損害の確認
　この場合には、相手保険会社にて事故車両の損害確認を行っていない場合が多い。そのため、早めに相手保険会社のアジャスターに被害車両の立ち会いをさせて損害認定を行ってもらうか、見積書と写真を依頼者に取得させ、相手保険会社に送付して損害認定を行ってもらう必要がある。なぜならば、事故から長期間が経過してしまうと、相手保険会社から、「損傷が事故と因果関係がない（事故後に発生した損傷である）」といった主張がされる可能性があるからである。

　もっとも、見積書を取得してもらう場合には、見積書費用がかからないか注意する必要がある。見積書費用は、損害として認められない可能

性もあるため、修理業者から「見積書費用が必要となる」と言われた場合には、ほかの修理業者を探すか、相手保険会社のアジャスターに立ち会いをさせて、相手保険会社にて見積書を作成してもらう等の対応をしたほうがよいと思われる。

イ　修理のタイミング

相談時に修理をしていない理由としては、ａ事故直後であるため、ｂ修理費用を自己負担する資力がないため、ｃ相手方から受領できる賠償額によって修理をせず買い替える可能性があるため、といった理由が多いと思われる。

ａの場合には、その後、交渉中に修理に着手することも考えられ、その場合には、２（62頁）ないし３（64頁）において述べる手順に従えばよい。

ｂの場合には、過失割合などが決まり、解決の見込みが立った段階において修理することになると思われる。その場合には、示談成立前に車両を修理に入れることになると思われるが、この時に、相手保険会社のアジャスターに協定を求めることを忘れてはいけない。確かに、アにおいて述べたとおり、損害の認定自体は相手保険会社のアジャスターにしてもらっているが、これはあくまで認定金額であって、修理をした結果としてその修理費用が異なってくる可能性がある。そのため、相手保険会社のアジャスターに協定を求め、修理をし、その金額を前提に示談を進めることが基本となる。

また、修理の際に代車を使用し、その費用を相手保険会社に請求する場合には、事前に相手保険会社に伝えておき、代車費用の支払いについての了解をもらっておくほうがよい。というのも、特に双方に過失が認められる事案においては、両当事者がお互いに代車費用を請求せずに示談する、といったことが保険会社間の交渉では一般的になされているからである。そのため、過失などについて交渉が煮詰まった後に修理をし、代車費用を請求すると、相手保険会社の担当者から、「過失案件であるから代車を請求されるとは思っていなかった」などと言われ、過失などの交渉が白紙となってしまう可能性もあるからである。代車費用を払うことができないと相手保険会社から言われた場合に、代車の自己負担を

減らす方法については、2（62頁）において説明する。

　さらに、bの場合に問題となるのは、交渉で解決ができず、訴訟となる場合である。「2　代車費用と休車損害が発生していないか検討する」（52頁）で述べたとおり、将来の代車費用は基本的に認められないため、修理をしない段階で訴訟をしても、これが認められるケースは少ない。

　また、すでに述べたが、修理をした結果として、認定された見積額よりも修理費用が高額となる可能性も否めない。例えば、修理認定額が30万円であり、裁判において30万円が損害として認められ、相手保険会社から30万円が支払われたが、いざ修理をしてみると修理費用として40万円が必要となった場合、差額の10万円は被害者が負担しなければならない。この場合に追加で10万円を裁判において請求しても、おそらく、既判力によってその請求は遮断されることになろう。

　そのため、修理をせずに裁判を提起する場合には、①代車費用が認められないことと、②修理をした結果、修理費用が高額となる可能性があることについて注意が必要となる。これらのデメリットについて依頼者が抵抗感を示す場合には、訴訟前に修理をせざるを得ないと思われる。その場合には、基本的に修理費用は自己負担とならざるを得ないが、依頼者が懇意にしている修理工場等であれば、裁判が終了するまで修理費用の支払いを待ってくれる可能性がある。この点については依頼者と相談して決定すべきである。車両保険を使用すれば、自己負担を免れるが、基本的に等級がダウンして保険料が増額されることになるし、契約によっては免責金額（依頼者の自己負担となる金額）が設定されている場合もあるため、注意が必要である。車両保険については、❹1（67頁）において詳しく説明する。

　cの場合には、交渉の結果として、車両を買い替えることになるのであれば、解決まで修理をしないということになろう。この際に注意しなければならないのが、やはり代車をどうするか、という点である。アにおいて述べた損害確認の結果、分損であると判断された場合には、車両を買い替えてその期間代車を使用したとしても、代車費用が認められる期間は、修理相当期間に限られるものと思われる。そのため、車両を買い替える場合には代車について注意が必要となる。

ウ　全損認定がされた場合

　アの損害確認によって全損認定がされた場合には、弁護士としては、時価額の増額交渉をすることとなる。その結果として、修理費用が損害として認められることもあるが、買替差額しか認定されないことも多いため、弁護士としては、修理をしたとしても修理金額（過失がある場合は修理金額の過失相当分）の賠償を受けることができないということをしっかりと依頼者には説明すべきである。

　どのタイミングで買替えをするか、という問題については、基本的にイにおいて述べたところとパラレルに考えればよいと思われる。もっとも、修理費用の賠償の場合には、前記のとおり、修理した結果として、認定額よりも高額になる可能性があるため、その点について注意する必要があったが、買替差額の賠償の場合には、かかる問題は存在しないため、主に注意すべき点は代車の点となろう。

2　事故車両が未修理であるが、修理工場に入庫している場合

ア　最初に確認すべき事項

　この場合に主に確認すべき事項は、ⅰ相手保険会社のアジャスターによる損害確認が完了しているか、ⅱ代車は使用しているか、その代車は無料であるか有料であるか、ⅲ事故車両は自走が可能であるか、ⅳ保管料の負担があるか、ⅴ修理の見込みがあるか、といった事項であろう。

イ　代車と保管料についての注意

　車両を入庫している場合にまず注意すべきポイントは、代車を有料で使用しているかどうか、という点である（なお、28頁も参照されたい）。「2　代車費用と休車損害が発生していないか検討する」（52頁）において述べたとおり、代車費用は修理に要した相当期間しか損害として認められない。そのため、入庫しているにもかかわらず、修理に着工しておらず、代車を有料で使用している場合には、要注意である。依頼者の中には、相手保険会社経由で代車を借りている場合に、「相手保険会社から代車の使用期限について何も言われていないから大丈夫」等と話す依頼者がいるが、受任して相手保険会社に連絡した瞬間、「代車は○日までです」と言われることはままある。そのため、このような場合には、

修理に着工していない経緯（相手保険会社のアジャスターによる損害確認が完了していないためであるのか、それともそれ以外の理由があるのか（上記 i の確認事項））、修理の見込み（上記 v の確認事項）、車両が自走可能ではないか（上記 iii の確認事項）等を確認する必要がある。

　相手保険会社に車両の確認を求めているにもかかわらず、相手保険会社のアジャスターがいつまでたっても立ち会いに来ないような場合には、真摯な努力を尽くしていないとして、その期間の代車費用が認められる可能性がある（「2　代車費用と休車損害が発生していないか検討する」❶2（53頁）参照）。

　また、修理の見込みがないにもかかわらず入庫をしている場合には、代車費用が認められない可能性が高いため、事故車両について自走が可能であるのならば、一度代車を返却して、事故車両を使用することも検討すべきである（もっとも、自走可能であるかどうかは、物理的に自走が可能であるかどうかのほかに、ブレーキランプやウインカーが適切に光るか等も確認する必要がある）。

　自走が不可能であるが、先行で修理すると修理費用の負担ができないといった理由から、代車を使用しているようなケースもあると思われる。この場合には、代車費用が損害として認められない可能性が高い。そのため、このような場合には、代車を依頼者に自己負担させない工夫が必要となり、以下のような方法が考えられる。

①修理工場から代車を借りる方法

　修理工場によっては、代車を無料で提供してくれる工場も存在する。この点については、依頼者と修理工場で相談してもらって、代車を無料で提供してくれるのであれば、そのようにするのがよい。

②保険会社の提携工場に入庫する方法

　保険会社が提携をしている修理工場に入庫をし、修理をすれば、代車を無料としてくれる場合がある。この点については、保険会社（依頼者側の保険会社が主となろう）と相談して、検討する必要がある。

③代車費用特約を使用する方法

　代車費用に関しては、依頼者の加入する任意保険に代車費用特約が付

帯されている場合がある。代車費用特約が使用できる場合には、保険会社が定めた期間、一定金額が代車費用として支払われる（1日5000円前後に設定されている場合が多い）。保険会社が提携のレンタカー業者をあっ旋してくれる場合もある。もっとも、代車費用特約を使用すると、保険料が上がる契約もあるため、事前に保険会社に確認する必要がある。

また、修理業者によっては、車両を保管している期間、その保管料を請求してくるところもある。保管料については、損害として認められている裁判例もあれば、認められていない裁判例もあるため、できる限り負担は回避したいところである。そのため、依頼者に対して、保管料の負担がないか、修理工場に確認してもらう必要があろう。

ウ　損害確認について

代車を使用していない場合や、代車を使用しても無料である場合、保管料もかからない場合等については、入庫をしても特段問題はないと思われる。

もっとも、1ア（59頁）において述べたのと同じように、損害確認は早めにしてもらったほうがよい。そのときには、損害の認定がされる場合もあれば、事前協定がされる場合もある。事前協定ができれば、解決後に修理をしてもその金額にて修理が可能であるため、修理金額が認定額よりも高額になるといったデメリットを回避することができる。そのため、事前協定ができる修理工場であれば、事前協定を相手保険会社に働きかけることも考えられよう。

3　事故車両を修理（買替え）中、または修理（買替え）が完了している場合

この場合、注意しなければならないのは、相手保険会社のアジャスターによる協定手続が進んでいるか、という点である。相手保険会社のアジャスターによる協定手続が行われていないと、いざ車両を確認したら全損であったり、修理をした後にその修理費用が高額であるなどといって争われたりするおそれがあるためである。大抵の場合、協定手続は行われているが、依頼者が修理をすることを相手保険会社に伝えずに修理が行われている場合もある。その場合は修理を中止させ、すぐに協定手続を行わせる必要がある。

すでに修理に着工している場合には、その修理期間の代車費用については、代車の必要性等の要件を満たす限り（「2　代車費用と休車損害が発生していないか検討する」52頁参照）、認められることが原則である。そのため、1（59頁）や2（62頁）の場合のように、代車について気を配る必要性は高くないだろう。

❸ 相手方が任意保険に加入していないケース

1　相手方が任意保険に加入していない場合の特徴

相手方が任意保険に未加入の場合（いわゆる相手方無保険の場合）でも、加入している場合と比較して賠償範囲が異なるわけではない。そのため、相手方無保険の場合でも、これまで述べた点を注意して事案を処理すればよい。

しかし、相手方無保険の場合には注意すべき点がいくつかある。その主な点は、

①相手方からの回収可能性が低いこと

②相手方にアジャスターがいないこと

である。以下においてそれぞれについて詳しく説明する（なお、30頁も参照されたい）。

2　相手方からの回収可能性が低い

相手方が任意保険に加入していない理由は様々だろうが、金銭的余裕がないためと考えられることが多く、実際に、修理費の回収は困難を極めることがほとんどである。一括での支払いが厳しい場合には分割払いでの示談に応じざるを得ないが、これも回収に時間を要する。そもそも交渉に応じないケースや、分割払いで示談をしても途中で支払いを止めるケースも少なくない。

そのため、修理をしてしまうと、その費用を回収できない可能性があることから、修理をするかどうかは慎重に検討する必要が出てくる。依頼者としては、回収できない可能性が高いのであれば、修理をせずに車両を使い続けたいと考える場合もあるため、弁護士としては、依頼者に

回収できない可能性があることを伝え、修理をするかどうか検討する機会を与えるべきである。修理をせずに裁判をした場合には、ⅰ代車費用が認められないことが基本であることと、ⅱ修理をした結果修理費用が高額となる可能性があることは、すでに述べたとおりである。

　もっとも、依頼者の車両保険が使える場合には状況は一変する。❹1でも説明するが、車両保険は自己の過失部分も含め修理費を補償してくれる保険であるため、車両保険を使用することによって、修理費用について依頼者の負担はなくなることになる（ただし、契約に免責部分が設定されている場合には、免責部分については依頼者負担となる）。

　したがって、相手方無保険の場合には積極的に車両保険の使用を検討すべきであろう。もっとも、車両保険に限らず保険の使用により、以降の保険料が値上がりするので（「以降3年間で○万円上がります」、という言い方がなされるのが通常である）、値上がり幅は受任直後の段階で保険会社に確認をしておくことが肝要である。

　修理費が低廉で、保険使用による保険料の値上がり額のほうが高額となってしまう場合には、車両保険を使用するか検討を要する。相手方から修理費用を回収できるのであれば、できる限り相手方からの回収作業をしたうえで、それでも回収できなければ車両保険を使用するという方法でもよいかもしれない。その場合には、後で車両保険を使用するときに備え、先行して、見積書と写真を保険会社に送ってアジャスターに損害内容を確認してもらったほうがよいだろう。

　なお、依頼者が無過失である場合には車両保険を使用しても保険料に響かないという「無過失特約」が付帯されている場合もあるので、併せて確認しておくとよい。また、代車費用についても、代車費用特約が付帯されている場合には、使用することを検討する。

3　相手方にアジャスターがいない

　相手方無保険の場合には、当然のことながら、相手方にアジャスターはいないため、損害の認定手続や協定手続がとられることはない。前述のとおり、協定手続等は、損害額（修理費用）を当事者間で確定させる意味を有しているため、これらの手続がとられている以上、裁判で修理

費用が争点となることは少ない。もっとも、相手方無保険の場合には、これらの手続がとられないうえ、相手方が資力に乏しいことが多く、少しでも損害額を減らしたいという考慮から、損害額が争われることが多い。

その場合、ⅰ事故と損傷との因果関係、ⅱ事故と損害額（修理費用）の因果関係が争われることになる。特にⅰについては、被害者側においてしっかり立証をしなければならないため、裁判官にわかりやすいように被害車両の写真を撮影し、事故状況との整合性を説明できるようにしておく必要がある。ⅱについては、「5　ミスゼロのためのチェックポイント」❷2（70頁）を参照されたい。車両保険がある場合には、事前に写真と見積書を依頼者の任意保険に送付して確認してもらう方法も考えられる。車両保険がない場合にも、確認をしてくれる保険会社もあるが、極めて例外的であるため、外部の鑑定会社を利用して、その費用を弁護士費用特約を使って支払うことも考えられる。任意保険会社に一度相談してみるとよいであろう。

❹ 物損事案で使用できる保険

最後に、主な保険の内容及びその使用方法につき簡単に説明する。

1　車両保険

車両保険は、交通事故に遭った際、自己の車両の修理費を補償してくれる保険である。自損事故や、第三者からいたずらで車両に傷をつけられた場合にも使用できるのが一般的である。

また、車両保険は、契約者の過失割合に関係なく修理費が補償される点が特徴として挙げられる。例えば、修理費は100万円だが依頼者に過失が50％あるケースでは、本来依頼者は自己負担分50万円について相手方から回収できないことになるが、車両保険が使える場合には、100万円の補償が受けられるのが原則である。

もっとも、車両保険の種類によっては、上限額の定めがあったり、依頼者の自己負担分（免責部分）が定められていたりするケースもあるた

め、あらかじめ保険会社に対し確認を要する。

2　対物保険

　事故に過失割合が発生し、依頼者が相手方車両の修理費を負担する必要がある場合に、これを補償してくれるのが「対物保険」である。

　自己の車両を修理する車両保険に対し、事故の相手方の車両を修理する際に用いるのが対物保険であり、当然両者は併用することができる。

　対物保険についても、車両保険同様に、上限額が設定されていたり免責部分が設定されていたりする場合があり、また、使用すれば以降の保険料が値上がりするため、あらかじめ保険会社に確認する。

　対物保険の場合、相手方修理費のうち、依頼者の過失割合に応じた部分を補償するものとなるので、過失割合に応じて依頼者が相手方に対し支払わなければならない金額と保険料の値上がり額の比較により、使用するか否かを判断する。

　例えば、相手方車両の修理費が100万円、過失割合が依頼者：相手方＝20：80であった場合を考えてみよう。この場合、依頼者の負担額は20万円となる。対物保険を使用した場合、依頼者の保険会社から相手方に20万円が支払われることになるが、ここで保険料の値上がり額が3年間で15万円であったらどうだろうか。20万円を保険でまかなった結果、保険料が15万円上がる。この場合は保険の使用を勧めることになるだろう。

　しかし、過失割合が依頼者：相手方＝10：90の場合はどうなるだろうか。ここで対物保険を使えば、保険で10万円支払われる代わりに保険料が15万円上がることになる。それならば依頼者が自己負担で10万円支払い、対物保険は使用しない、という選択も十分あり得よう。

　対物保険の使用を検討する際には、過失割合に応じて依頼者の負担がいくらになるのか、値上がりする保険料はいくらなのかを確認し、対物保険を使用することが依頼者にとって有益なのかどうか十分な検討が必要である（なお、19頁も参照されたい）。

5 ミスゼロのための チェックポイント

❶ 車検証を取り付けて所有者を確認する

　交通事故における物的損害の損害賠償請求権者は、原則として所有者である。よって、所有者の確認は必須である。

　この点、実際に弁護士に相談をしてくる被害者と名乗る方は、ただの運転者で所有者ではなかったり、車検証上の使用者で所有者ではなかったりする場合もある。

　その場合、委任状の取り付け先が、異なってくる可能性もあるため、車検証（写しで何ら問題はない）を取り付けておくべきである。車両が修理工場に置いてある場合には、修理工場から直接、弁護士事務所に車検証のFAXを取り付けることで対応をすることもできよう。

　なお、車検証上の所有者がリース会社であったり、所有権留保付き車両である場合においては、委任状については、車検証上の「使用者」欄に記載された被害者から取り付けることで問題はないものの、請求権を基礎づけるべき立証資料を、別途、所有者から取り付ける必要があるときもある点に注意が必要である（特に評価損害等を請求する場合には、必要性が高い）。

❷ 修理費用や修理方法に争いがある場合に注意する

1　協定がなされない可能性

　通常、加害者側が自動車保険に加入しており、加害者側が保険を利用することを決めている場合、保険会社が、修理工場と修理方法や修理費用につき、協定をする。

　しかしながら、修理方法や修理費用に争いがある場合には、保険会社

と修理工場が協定をすることができないことがある。

　また、修理費用について見れば、実際に修理をしない場合、「協定」という作業がなされないこともあり、保険会社が「この金額が妥当であろう」と考える認定金額のみを認め、それ以上の金額を認めないことも、多数存する。

　その場合どのように対応するべきかが、十分に検討が必要である。

2　実際に修理をしない場合で、協定がされないケース

　前述のとおり、事前協定は、制度としては存する。

　しかしながら、いわゆる事前協定が行われるケースは、決して多くはなく、修理がなされない場合には、協定がなされることは少ない。そうした場合、保険会社が認定金額のみを認めることが多い。

　このとき、保険会社の認定金額が、修理工場の見積書記載の金額から、消費税部分を控除しただけの場合には、実質的な争いは消費税相当額のみとなるため、被害者側弁護士として、それほど恐れることはない。修理をしない場合でも、消費税相当額については、損害として認められることについては、すでに概ね決着しているといっても過言ではない（東京地判平29年3月27日交民50巻6号1641頁、東京地判平30年5月15日交民51巻3号571頁）。

　しかしながら、そもそも、それぞれの損傷箇所に対する修理方法や、各項目の修理費用が異なる場合には、別途検討が必要である。すなわち、加害者側（保険会社側）は、被害者の主張する修理費用が適正修理費用ではないと争うのであれば、いわゆる便乗修理というのか、それとも過剰修理であるというのかについて、明らかにすべきとされている（赤い本2019年版下巻16頁以下参照）。

　よって、被害者側としては、まずは、見積書を取得しておく必要があるが、一般的にはそれで足り、加害者側が、細かく内容について精査をしたうえで、反証をする必要がある。もっとも、通常、保険会社側は、認定金額を算出するにあたって、各部品の値段、工賃の価格や修理方法の妥当性等について、十分検討していることが多い。よって、前述のとおり、被害者側としては、まずは見積書を取得しておけば足りるものの、

実際には加害者側が、ある程度十分な反証をしてくることが多く、その場合には、再度、事実上の立証責任が転換され、被害者側が、被害者側の主張する修理方法の妥当性について、立証をする必要が出てくる。よって、この場合には各修理項目につき、いかなる修理方法が妥当なのかについて、十分検討する必要がある。

　また、この場合、実際に修理をしないことから、よほどの立証がなされない限り、立証不十分となる結果、加害者側が認める金額のみが損害として認定される可能性も高いことに注意をすべきである。その意味では、見積書記載の金額を取得したいという強い希望がある場合には、修理をせずに訴訟提起をするのではなく、修理をし、まずは被害者自身にて修理費用を立て替えたうえで、訴訟提起をしたほうが、取得可能性が高まる（もちろん、他方で、支出した金額全てが認められるというわけではないため、リスクも大きくなる）。

3　修理をしたにもかかわらず、協定がされない場合

　実際に修理をした場合でも、協定がなされない場合もある。具体的には、修理方法につき、争いがある場合や、修理工場の算出した金額が通常よりも高い場合、もしくは、修理工場が保険会社との協定に協力をしない場合等である。

4　修理工場が協定に協力をしない場合

　このうち、修理工場が保険会社との協定に協力をしない場合については、被害者から修理工場に対して、協定に協力をするように指示させれば足りる。なお、それでも協力をしない修理工場に対しては、別途債務不履行等を検討することができるであろう。

5　修理工場の算出した金額が通常よりも高い場合

　次いで、修理工場の算出した金額が通常よりも高い場合については、別途検討が必要である。すなわち、修理費用は、大きく分けると、部品代と工賃の二つから構成されている。そのうち、部品代については、いわゆる定価が決まっていることから、争いとなることはほぼ存しない（む

しろ、この点が争点となっている場合には、詳細の確認が必要であり、実際の定価がいくらなのかについて、別途確認をする必要がある）。

　争いとなる可能性が高いのは、いわゆる工賃の部分である。工賃は、当該修理を行うために必要な時間×時間単価（レバレート）により算出される。例えば、ある修理を行うために必要な時間が2時間で、時間単価が6500円であるとすれば、2×6500円＝13000円というような形である。

　そして、当該修理を行うために必要な時間については、すでに株式会社自研センターが作成する指数表により、概ね定められている。例えば、ある車種のバンパー取り外しに必要な時間は、0.2時間（＝12分）というものである。そして、保険会社が算出してくる見積もりは、ほとんどの場合、この指数表に基づき時間を算出している。よって、もし当該修理を行うために必要な時間が争いとなっている場合には、修理工場が算出してきた指数が、指数表と異なっていないかどうかについて、検討をする必要がある。

　他方、時間単価（レバレート）が争いとなっている場合には、検討が必要である。多くの修理工場のレバレートは、5500円〜7000円程度で推移している。よって、その程度の範囲に収まるようなレバレートであれば、一般的には妥当であり、また、保険会社も争うことなく協定をすることが多い。しかしながら、修理工場によっては、10000円を超えるレバレートを求めてくるところも存しないわけではない。この場合、一般的な修理費用よりも高額であることは間違いないため、その部分が認められないこともある。損害賠償請求訴訟においては、損害額の相当性が必要であり、実際に修理費用を支出していたとしても、その修理費用につき、相当因果関係が認められない可能性もある。よって、この場合には、レバレートが通常よりも高いことについて、検討する必要があろう（なお、レバレートの平均値などについては、株式会社プロトリオス出版『BSR 増刊号 2019Vol.608』第47巻第8号参照）。

6　修理方法に争いがある場合

　この場合については、別途、詳細な検討が必要となる。

修理方法に争いがある場合の典型例は、板金修理をするのか交換にするのかという場合や、塗装の範囲である。すなわち、損傷を被った部分について、板金にて修理をするのか、交換の修理をするのか、損傷を被った部分とその周辺のみを塗装するのか、車両全体を塗装するのか、という点について争いとなるような場合である。

　この場合、当該修理方法の妥当性については、十分検討する必要があるが、前掲の典型例については、概ね裁判例の傾向が出ている。すなわち、板金か交換かについては、板金修理にて対応できるのであれば、交換修理のほうが経済的である等の特段の事情がない限り、板金修理の方法が相当であるとされている。また、全塗装が認められるかどうかについても、これも特段の事情がない限り、全塗装は認められない。

　いずれにせよ、この点については、多くの裁判例が存するため、その争点に併せて、裁判例を確認し、判決の傾向を確認しておく必要がある。

❸ 協定の進捗をこまめに確認する

　この点、加害者側保険会社が、修理工場と協定をしている場合、まずは、弁護士としては、協定完了後、損害確認報告書等、加害者側保険会社と修理工場との協定の結果が記載されている書類を取り付けることは、当然である。

　他方で、上記の点を、加害者側保険会社に伝え、協定の進捗について確認しない弁護士も多々見られる。

　しかしながら、協定の進捗については、加害者側保険会社に連絡して、確認をするべきである。

　協定の最中に問題が生じることは少なくなく、その場合、そのときどきに応じた対応が必要となるからである。

❹ 見積書や損害確認報告書の内容を把握する

　この場合、多くの弁護士が、修理の項目についての内容については、素人であるという理由から、内容を精査しないことが多い。確かに、損

害論に全く争いがないような場合には、精査は不要である。しかしながら、争いがないかどうかについては、将来の事情であり、書類を取り付けた時点で、将来、争いがなくなるかどうかについては、わからないことが多い。

そこで、見積書や損害確認報告書を取り付けた場合、被害者、被害者加入保険会社と共有し、また、修理の内容について、概ね把握をしておくべきである。

なお、被害者側が取得した見積書の妥当性については、相手方保険会社が、そのまま認定してくれる場合には、何ら問題はないが、認定されないような場合には、被害者が加入している保険会社に、事実上、確認を求めるべきである（車両保険の付保がない場合には、確認をしてもらうことができない場合も多い）。

❺ 経済的全損の場合に備え、市場価格を調査する

経済的全損は、修理費用がいくらになるのかに応じて検討が必要となる。詳細については前述のとおりである。

なお、車両の時価額は、日に日に下落している。レッドブック価格で問題がないという判断をしている場合はともかく、インターネット上の市場価格をベースに検討をしたい場合には、早期に検索をし、印刷をしておかないと、事故日近辺での市場価格を確認することができない。

よって、この点についても十分考慮し、同車種・同年式の車両の市場価格調査を、念のため、行っておくべきである。

❻ 代車費用についての裁判例を押さえる

代車費用については、すでに多くの裁判例の集積があるところである。詳細については、赤い本の代車費用の項目を参照されたい。なお、注意点として、赤い本に記載されている代車費用の項目に掲載されている裁判例は、被害者に有利と思われている裁判例が掲載されているものであり、決して基本的な裁判例が掲載されているものではない。よって、赤

い本に記載されている裁判例と同程度の事案を受けたからといって、同じ趣旨の判決を取得できるとは限らない。また、当然のことであるが、赤い本に記載されている裁判例は、判決に記載された内容をまとめたものであり、細かい周辺事情全てを記載できてはいないため、必ず原典にあたるべきである。特に、赤い本には、代車の認められる期間に関連して、保険会社の説明が不十分である等の場合に、代車の認められる期間を延ばすことができるという趣旨の判決が記載されているが、「保険会社の説明が不十分であること」について立証できることが大前提となっている。そのため、被害者側が「保険会社の説明が不十分である」と主張したとしても、その根拠となる証拠がなければ、その前提を欠くこととなる。ましてや、被害者側の弁護士が介入した後については、保険会社の説明が不十分であるかどうかについて、考えるまでもない（必要な説明は、弁護士から受けることができるため）。

　なお、代車を、加害者側保険会社経由で借りている場合、代車の占有権は被害者にある。ところで、加害者側保険会社から、代車費用について返還を求められた場合、十分に検討するべきである。もちろん、占有権は、被害者にあるため、即時に占有権を放棄し、返還をすべき法的義務はない。しかしながら、代車を占有し続ける場合、少なくとも以後の代車費用については、事故との相当因果関係が認められない限り、損害として認定されない。よって、最終的には、被害者負担となる可能性が高く、保険会社が代車業者に、返却日までの代車費用を支払っている場合、その費用は損益相殺の対象となり、他方で、損害としては計上されないことから、実質的には、修理費用から代車費用が支出されたような外形になり、被害者の手元には賠償金が手に入らない可能性があるばかりか、場合によっては、保険会社から不当利得返還請求をされる可能性もある（東京高判平25年4月10日自保1905号141頁）。

❼ 責任論の把握を怠らない

　損害論につき争いがある場合、責任論（主として事故状況）についての把握がないがしろになる可能性がある。

しかしながら、損害論と事故状況が関連していることも多い。

　また、事故状況を確認した結果、結局、車両保険を利用した場合がよい場合も少なくない。

　よって、争点が損害論であるからといって、責任論についてもないがしろにしないようにすべきである。

治療中の
被害者からの依頼

【事例】「事故以来、首の痛みが治りません」

　甲弁護士は、知人の紹介で、Yから交通事故の相談を受けた。

　電話での聴き取りによると、事故は半年前の出来事であり、単純な追突事故であったが、Yが乗車していた車が損傷したほか、事故当時、Yは頸椎捻挫と診断され、半年が経過した現在も痛みがあるとのことであった。

　甲弁護士は、Yと日程を調整し、甲弁護士が所属する法律事務所で面談を行うこととした。

―相談当日―

甲：Y様ですね。本日はよろしくお願いいたします。

Y：初めまして、よろしくお願いいたします。

甲：お身体の具合はいかがですか。

Y：事故の時よりは良くなったのですが、事故以来、首の痛みが治りません。

甲：通院は続けていらっしゃいますか。

Y：はい。整形外科と整骨院に通っています。ただ、一昨日、相手方の保険会社の方から「治療費や施術費については今月末までしか支払えません」と言われました。私としては「まだ痛みも続いていますし、追突事故で私には落ち度はないのにおかしいじゃないですか」と言ったのですが、一括対応がどうとか、症状固定時期がどうとか言っていました。

　　今後、治療費は自分で負担しなければならず、すぐに示談しなければいけないのでしょうか。

甲：いえ、すぐに示談しなければならないということにはなりません。まずは交通事故賠償の一般的な手続について簡単にご説明しますね。

Y：交通事故に遭ったのも初めてのことで何もわからなくて。一応インターネット上の情報は見てきたのですが、ぜひ基本的なところから教えてください。

甲：わかりました。なるべくわかりやすくご説明できればと思います。まず、交通事故の損害賠償においては、実務上、加害者が負担すべき治療費については一定の時期までで区切る、という考え方があります。事故発生から一定の期間までの治療費については、加害者が負担すべきだけれど、一定の期間以降の治療費は支払わなくてよい。ただし、もし被害者に後遺症が残ってしまったような場合には、後遺障害慰謝料や逸失利益という損害賠償項目で賠償しなさい、ということになっています。この区切りの時期が、症状固定時期と呼ばれるものです。

Y：症状固定ですか。症状固定時期はどのような状態になったら該当するのですか。

甲：症状固定というのは、平たく言えば、これ以上治療をしても良くならない状態のことを言います。また、症状が全く改善しない状態だけでなく、症状が一進一退を繰り返し、改善が困難になった状態も含まれます。

Y：なるほど。私の症状は、今月末がその症状固定時期で、来月以降の治療費は加害者が負担すべきものではない、と相手方の保険会社が判断したということですね。でも、私の身体はまだ良くなっていないのに、相手方の保険会社の判断で治療が継続できなくなるというのは、ちょっと納得いかないですね。
　　　今後私はどうすればよいでしょうか。

甲：もっともなご指摘だと思います。
　　　ただ、症状固定時期の判断を争う、ということもできなくはないですが、実際に保険会社がこの判断を自ら覆すということは少ないですし、なるべく完治を目指していただくことが重要なので、治療をやめるのではなく、健康保険を使っていただくなどして自費で治療を続けていくという方が多いです。

Y：そうなんですね。そのような制度・仕組みになっていることはよくわかりました。私も同様の対応にしたいと思います。

甲：症状固定時期については、主治医の先生の見解もよく聞いてみましょう。

Y：そうですね。次の診察日に主治医の先生に聞いてみるようにします。症状固定という判断になれば、すぐに示談しないといけないものなのでしょうか。

甲：いえ、そんなことはありません。Y様の場合には、現在も痛みがあるということですし、後遺症が残る可能性もありますから、症状固定時期を迎えたら、後遺障害の等級認定を申請することを検討しましょう。

　後遺障害の等級の有無や程度によって、後遺障害慰謝料や逸失利益といった賠償額も変わってきますから、今すぐに示談をする必要はありません。症状固定という判断になれば、主治医の先生には、後遺障害診断書というものに、現在の症状を記載していただくようお願いします。これは、等級認定の申請にあたっての資料としても必須となります。

Y：わかりました。先生は弁護士であって、お医者様ではないことは承知していますが、先生の目から見て、私の症状は後遺障害として認定されそうですか。

甲：Y様の場合には、いわゆるむち打ち損傷のケースなので、一般的に、後遺障害等級12級13号か、14級9号が認定される可能性はあります。後遺障害の等級認定を申請する段階になりましたら、診断書等も確認したうえで、後遺障害診断書を作成していただくにあたってのポイントなどをお伝えいたします。

Y：大変心強いです。今後ともよろしくお願いいたします。

甲：こちらこそよろしくお願いいたします。

1 法律相談の心構えと 伝えるべき治療時の注意点

❶ 治療中の依頼者と面接する際の基本的な心構え

交通事故被害者は、以下のようなストレスや不安を複合的に抱えている。これらのストレスを理解することは、依頼者との信頼関係を構築するために必要不可欠である。

1 痛みによるストレス

痛みのつらさは、客観的に数値化できるものではなく、被害者本人しか認識できない。また、後遺障害等級の程度と痛みの大きさは、必ずしも比例しない（例えば、疼痛に関する後遺障害等級の差は、他覚的な証明ができているかの差に過ぎない）。

被害者は、痛みのつらさそれ自体はもちろんのこと、自らの症状が他人に必ずしも理解されないという苦しみや不安も抱えている。

2 刑事事件対応によるストレス

交通事故被害者は、刑事上は、自動車運転過失致傷罪の被害者でもある。実況見分の立会いや、警察での長時間の事情聴取により疲弊していることもよくある。

3 保険会社対応によるストレス

交通事故対応は、被害者にとって非日常である。何が正しい情報なのかわからない状態で、加害者側の保険会社とやりとりをしており、ストレスを感じている。また、請求にあたって必要となる領収書の整理や送付も、少なからず負担に感じていることが多い。

このような状況で、治療費負担の打ち切りを告げられることになる。

仮に保険会社の判断が適切であったとしても、被害者は手続としてこのようなストレスを抱えていることを十分に理解しておくべきである。

4　先行きが見えないストレス

また、症状が完治しないかもしれない不安、今後の手続がわからない不安、いつ賠償が得られるかわからない不安、といった先行きが見えないストレスも抱えている。

依頼者と面接するにあたっては、これらのストレスに理解を示す必要がある。

また、手続や方針について、わかりやすく具体的に伝えることも重要である。特に、「症状固定」「一括払対応」等の専門用語は、聞き慣れていない。交通事故発生から解決までの一般的な流れとともに、これらの専門用語については、わかりやすく説明することが求められる。

❷ 依頼者に伝えるべき治療時の注意点

1　治療内容・方法

事故直後から、医療機関に定期的に通院することが重要である。症状が改善していないにもかかわらず、通院をやめてしまったり、通院期間の間隔が空いてしまったりすると、治療の必要性や事故との因果関係について疑義が生じ、被害者にとっては、後遺障害等級認定上も、損害賠償請求上も不利になりうる。

また、通院の際は、事故直後から、医師に自覚症状を明確に伝える必要がある。発症があったにもかかわらず、その症状について伝えず、例えば、最も症状が重いと感じている箇所のみを伝えていたというケースもよく散見される。

自覚症状については、漏れなく説明しておかないと、事故との因果関係に疑義が生じ、後遺障害等級認定上も、損害賠償請求上も不利になることも、よく理解してもらう必要がある。

接骨院、整骨院、鍼、マッサージ等の東洋医学に基づく治療に関する施術費については、相手方から否認されることも多い。もっとも、症状

に対して施術が有効であり、特に医師による指示がある場合等は認められることもある。依頼者がこれらの治療を希望するときは、できる限り医師の指示を取り付けてもらうべきである。実際のところ、依頼者がこれらの施術の効果を感じていることは多いが、相談を受けた際には、施術を受けるのは自由だが施術費は自己負担となる可能性があること、少なくとも整形外科等の医療機関への通院と併用すべきであることについては必ず伝えておくべきである。

　また、主治医の指示がないのに他の病院で治療を受けた場合（重複診療）や、セカンドオピニオンのために他の病院で受診した場合の治療費も、否認されることが多い。当然に請求できる性質のものではないことは、あらかじめ伝えておいたほうがよい。

　健康保険については、稀に医療機関から「交通事故なので利用できない（自由診療扱いとなる）」と言われたという相談者がいるが、交通事故の場合であっても、健康保険証を発行している保険者である事業主体に対して第三者行為による傷病届を提出することで、健康保険は利用できる。健康保険については、医療費負担を減らすことができるのであるから、少なくとも一括払いを打ち切られた以降は、利用を検討したほうがよいだろう。

2　通院交通費

　電車、バスなどの公共交通機関の運賃については、申告すれば保険会社からも問題なく支払われることが多い。

　一方で、タクシー代については、タクシー利用が相当とされる場合（例えば、歩行困難で公共交通機関を利用できない場合等）でなければ、支払いを拒まれることがあるので、タクシーで通院する場合には、医師の指示を取り付けてもらったほうがよい。

　また、請求する際には、原則として領収書が必要となるので、これらは全て保管する必要がある。

3　休業損害

　有給休暇を使用した場合には休業損害となるので、治療のための有給

休暇は積極的に使用を検討すべきであろう。

　また、依頼者が所持している基礎収入の資料（給与所得者については源泉徴収票や給与明細、個人事業主については確定申告書等）については、休業損害を請求するために必要となる範囲で、早めに送付してもらうとよい。

4　弁護士費用特約

　依頼者が加入している自動車保険に弁護士費用特約が付帯されている場合には、弁護士費用が保険で賄われる。各保険会社によって保険内容は異なるものの、1回の事故で弁護士費用300万円までを補償しているものが多い。

　弁護士費用特約が利用できれば、依頼者の弁護士費用の負担は生じないケースがほとんどであり、依頼者の立場からすれば、メリットが非常に大きい。初回相談時に特約の有無は必ず確認すべきである。

2 一括対応打ち切り段階で 行うべき弁護活動

❶ 一括対応打ち切り段階で方針を決める

　一括払いの場合、加害者の任意保険会社が治療の途中で、治癒または症状固定を理由として、一括対応を打ち切ることがある。特に、むち打ち損傷においては、一般的に交通事故から2か月〜6か月程度で、治療費の支払いが打ち切られることも多い。

　被害者の立場からすれば、発生した事故につき非がなく、また、治療継続の必要性を感じているにもかかわらず、治療費を自己負担しなければならないことに、強い怒りを持つのもある意味当然である。

　この段階で保険会社の対応に不満を持った被害者の初回相談を受けるというケースが多いが、弁護士としては、まずは、保険会社による一括払いは、あくまでも任意保険会社の自主的なサービスであることを丁寧に説明したうえで、基本的には以下のような事情を考慮しながら、依頼者と今後の方針を決める必要がある。

❷ 方針の決め方

　明らかに症状固定とはいえない段階で治療費の支払いを打ち切られた場合や、事故によって収入が全く得られなくなってしまった個人事業主やフリーランス等の被害者の場合等、具体的な事案によっては、保険会社に治療費の支払い再開や、賠償金の仮払いを申し入れなければならないケースもありうる。また、これらのケースで交渉に全く応じてもらえない、または仮払い額が足りず経済的に困窮しているということであれば、さらに法的措置として、仮払仮処分命令の申立てを検討しなければならない場合もある。

一方で、前述のとおり、保険会社による一括払いは、あくまでも任意保険会社の自主的なサービスであり、実際に交渉で支払いの再開に応じさせるのは非常に困難である。したがって、前述のようなケースを除き、一括対応打ち切り時の一般的な対応としては、以下のようになる。

❸ 一括対応終了時の対応

　被害者に対して、治療費の支払いを打ち切られた以降に自己負担した治療費については、最終的に加害者から支払いを受けられなくなる可能性もあるが、完治を目指すことが最優先事項であり、被害者が治療継続の必要性があると感じている限り、基本的には健康保険等の利用に切り替えた通院継続を勧めるというのが一般的な対応となる。

　また、主治医の判断としても症状固定時期が到来しているということであれば、主治医に後遺障害診断書の作成を依頼する。後遺障害診断書の作成を依頼するにあたってのポイントについては、後述する。

　症状固定とは、簡潔にいえば、これ以上治療をしても良くならない状態をいい、また症状が全く改善しない状態だけでなく、症状が一進一退を繰り返し、改善が困難になった状態も含まれるとされる。症状固定となった場合には、症状固定日以降の治療費等の積極損害については、原則として賠償の対象にならない。症状固定後は、原則として症状固定後の治療費ではなく、後遺障害に関する損害（後遺障害慰謝料、逸失利益等）の請求を検討することになる。症状固定と判断されるのは、特にむち打ち損傷における事案について、事故後6か月を経過した時点を目安とするといわれることがあるが、あくまでも目安であり具体的な症状や治療経過次第である。また、症状固定時期は、あくまでも個別具体的に判断される法的概念であるから、確定的な期間を代理人から被害者に伝えるのは避けたほうがよいであろう。なお、症状固定時期についての医師の判断と、裁判所の判断が異なる場合もありうる（訴訟においても後遺障害診断書記載の症状固定日は重視されるものの、必ずしも裁判における症状固定時期と判断されるとは限らず、治療歴や症状の著変の有無等も総合考慮したうえで判断される）。

後遺障害認定手続を利用せずに示談を検討するということもありうるが、被害者が症状の残存を訴えているのであれば、基本的には後遺障害認定手続の利用を検討すべきであろう。後遺障害認定手続の概要については後述する。

　その後、後遺障害認定手続の結果を踏まえて（場合によっては後述の異議申立手続も検討したうえで）、請求する損害項目を決定し、損害額を算出する。請求項目に漏れがないように、損害額算定書等を作成し、依頼者に確認してもらうとよい。なお、損害の算定基準には、自賠責保険基準、任意保険基準、裁判基準の大きく3つの基準があること、この順に賠償額は大きくなることも、被害者に説明しておく。弁護士としては、原則として、裁判基準での金額の算出を前提とすべきであろう。

　損害額が確定したら損害額算定書等を添付のうえ、加害者の任意保険会社宛てに損害賠償請求書を送付するなどして、示談交渉を行う。示談交渉がまとまらない場合には訴訟提起、または交通事故紛争処理センターへの和解あっ旋申込等のADRの利用を検討する。なお、加害者側にも代理人が就任している場合には、債務不存在確認訴訟を提起される場合もある。その場合には、応訴とともに反訴提起の準備も進める。

3 依頼者に「後遺障害認定手続」を説明する

❶ 後遺障害認定手続の概要

　自賠責保険における後遺障害認定手続については、加害者側の任意保険会社が自賠責保険に申立てを行う事前認定手続と、被害者が直接自賠責保険に申立てを行う被害者請求手続に分かれるが、事前認定手続は、加害者側の任意保険会社が行うため、実際にどのような資料が提供されたかについて、被害者が正確に把握することは困難である。そこで、被害者の代理人が交通事故賠償請求事件を受任した場合は、被害者請求手続をとることも多い。

　被害者請求手続においては、後遺障害診断書等の必要書類を揃えて、加害者の自賠責保険会社宛てにこれらを送付し、被害者請求手続の申立てをする。必要書類については、加害者の自賠責保険会社の請求書式パンフレットに、必要書類一覧、各書式のひな形、記載例等が掲載されているので、これを参考に準備するとよい。代表的な必要書類としては、以下のものが挙げられる。

■後遺障害認定の必要書類

☐　自動車損害賠償責任保険保険金支払請求書兼支払指図書

☐　委任状

☐　委任者の印鑑証明書

☐　請求者（代理人）の印鑑証明書（職印証明書）

☐　交通事故証明書

☐　事故発生状況報告書

☐　被害者の日常生活状況報告書

☐　診断書
☐　診療報酬明細書
☐　領収書
☐　後遺障害診断書

　加害者の自賠責保険会社は、必要書類が揃っていることを確認した後、損害保険料率算出機構の自賠責損害調査事務所に対し、後遺障害認定の調査依頼を行う。

　自賠責損害調査事務所において調査がなされ後遺障害等級の認定がされた場合には、加害者の自賠責保険会社から、等級に応じた保険金が指定した銀行口座に振り込まれる。

　自賠責損害調査事務所の調査は、追加調査の有無等にもよるが、早ければ1か月〜2か月程度で完了する。調査が開始されると、病院で撮影したXP、CT、MRI等の画像所見等の資料を追加で提出するよう求められることもあるので、この場合には、病院からこれらを取り寄せて送付する。また、外貌醜状といった後遺障害の場合には、醜状痕の大きさを確認等するために、被害者本人が調査事務所に出向いて調査を受けることもある。被害者本人から「調査に同行してほしい」と強い要望がある場合等には、調査事務所に事前に同席することを伝えたうえで、代理人として調査に同行することもある。

　自賠責保険における後遺障害は、自賠法施行令別表第1及び第2に規定されており、後遺障害に応じて1級から14級までの等級がある（1級が最も重く、14級が最も軽い）。自賠責保険の後遺障害別の等級の内容は、労災保険における後遺障害別等級と原則同一であり、具体的な認定基準も、労災保険と同様に労災必携に準拠している。

　代理人としては、事前に、自賠法施行令別表第1及び第2の後遺障害別等級表や、労災必携の認定基準を理解しておく。なお、後遺障害別等級表については、障害部位別の等級表に整理しておくとわかりやすい。

❷ 異議申立手続

　被害者請求の結果、非該当となった場合や、認定された後遺障害等級に不服がある場合には、異議申立手続を検討する。異議申立手続では、損害保険料率算出機構の自賠責保険審査会において、日弁連が推薦する弁護士、専門医、交通法学者、学識経験者等、外部の専門家が審議に参加して審査が行われる場合もある。

　被害者は、後遺障害等級認定通知に記載された認定理由に不当な点があることを、異議申立書に記載して反論する。また、従前提出した資料だけで認定結果を覆すことは難しいため、一般的には、主治医による意見書（医学的見地から等級認定理由に対する反論を記載したもの）、別医師による新たな後遺障害診断書、新たに撮影した XP、CT、MRI 等の画像所見、未提出の刑事記録、被害者自身の陳述書等を追加資料として提出することが多いが、最も重要な資料は、主治医による意見書である。主治医の意見書については、特定のひな形や体裁は求められていないので、代理人において主治医から聴取した内容をドラフト（下書き）として作成し、主治医に確認や追記等を依頼するとよい。

　もっとも、認定結果が覆る可能性は確率的には高いものとはいえず、解決までの期間が長期化してしまうリスクもあるため、異議申立手続を行うこと自体については、被害者と慎重に検討すべきである。訴訟においても、自賠責の認定結果は重要な証拠資料となるが、裁判所の事実認定を拘束するものではなく、認定結果に不服が残る場合には、訴訟手続に切り替えて主張していくという選択肢も十分に考えられる。

　なお、異議申立ての結果に対しても不満がある場合には、さらに異議申立てを行うことも可能ではあるが、その場合には一般財団法人自賠責保険・共済紛争処理機構に対する調停（紛争処理）手続の申立てを検討したい。紛争処理申請に関する費用は原則無料であり、自賠責保険約款・自賠責共済規定等に基づき、同機構の結論に対しては、自賠責保険会社は従わなければならない。

4 後遺障害認定手続における 有効な証拠

❶ 後遺障害診断書

　後遺障害診断書は、後遺障害等級認定の際の重要な資料であるため、適切な認定につながるよう留意すべきである。

　自覚症状については可能な限り詳細に記載してもらう必要がある。被害者が自覚症状を正確に伝えることができない場合や、主治医によっては自覚症状を多く記載したがらない場合もあるので、そのような場合には、事前に自覚症状を記載したメモを準備し、これをもとにできるだけ詳細かつ正確に記載してもらうようにする等の工夫をするとよい。

　また、自覚症状と結びつくような他覚的所見（XP、CT、MRI等の画像所見）や検査結果についても、認定において重要な資料となるため、これらについてもできる限り詳細に記載してもらう。

　その他、障害内容の増悪・緩解の見通し等についても、被害者の状況に応じた正しい内容、該当する可能性のある後遺障害等と齟齬のない内容となっていないか、形式的な書き間違い等も含めて確認する。

　後遺障害診断書については、ひな形を被害者に送付し、被害者本人から受診時に主治医に提出して記載してもらうことが一般的である。

　もっとも、作成された後遺障害診断書を代理人が確認したところ、明らかな記載誤りがある場合や、記載が不十分と思料される場合は、主治医に訂正や追記を要請することもありうる。その場合には、代理人としては、主治医の事前の了解を得たうえで、受診や面談に同席することも検討する。

❷ 後遺障害診断書以外に提出を検討すべき補足資料

1 日常生活状況報告書

日常生活状況報告書は、後遺障害診断書記載の自覚症状を補充する役割を果たすとともに、画像所見等が乏しく症状経過の立証が必要な場合に有益な資料となりうる。

日常生活状況報告書には、治療経過、症状の変遷、現在も持続している症状、その症状により日常生活や仕事にどのような影響が出ているか等について、できるだけ具体的に記載する。

例えば、被害者に疼痛が生じている事案においては、被害者の身体のどの部位にどのような痛みが継続して生じているのか、その症状により日常生活や仕事にどのような支障が出ているかについて、被害者本人の言葉で具体的に記載する。

物理的または心理的負担から、被害者本人が直接作成することが困難な場合には、訴訟における陳述書作成の要領と同様に、代理人において本人供述を聴き取り、ドラフトを作成する。

2 被害者の症状がわかる写真

醜状障害などの事案においては、事故発生時から醜状痕がどのように変化して残存しているのか、その経緯を定期的に写真撮影しておくことが有効な証拠になる。

また、醜状痕については、怪我の症状で通院している病院のほか、別に通院している形成外科等において写真撮影されていることもある。

これらの写真については、症状それ自体を示すためという目的のほか、事故と受傷との因果関係を肯定する資料として、提出するという目的もある。

3 事故状況に関する資料

加害車両の衝突時のスピードや、車両の損傷状況等は、事故状況の苛烈さを裏付け、被害者の負傷の程度を推認させるため、これらの事故状況に関する資料がある場合には、後遺障害認定の可能性を高めることに

なる。

　そこで、刑事記録等において、加害車両の速度や、車両の損傷状況等に言及されている場合には、これらの資料についても提出を検討する。

　また、同様の趣旨で、車両損害に関する修理見積書や、損傷状況が撮影された写真が添付されたレポート等、物損に関する資料も提出を検討する。

4　診療録（カルテ）

　診断書は比較的簡素な記載に留まることが多いのに対し、診療録（カルテ）は、具体的な治療経過や検査結果が記載されているため、これらを明らかにしたい場合には、有益な資料になりうる。

　一方で、膨大な資料の中には、意味が判然としない記載や、不正確な記載が散見される場合があり、後遺障害認定にとってこれらの記載が不利に働く場合もあるため、提出するかについては慎重に検討すべきである。

5 損害の立証方法

❶ 損害の全体像

　以下に損害項目の全体像を示す。もっとも、これらはあくまでも一例であり、賠償項目の全てを網羅しているものではない。被害者から、交通事故に起因して出費したと考えられる費用を聴き取り、案件に併せて個別具体的に損害を検討する必要がある。

■傷害による損害（症状固定前までに発生した損害）

①入院期間中の治療に関連する費用
　・入院治療費
　・入院雑費
　・特別室使用料
　・装具器具類の購入費
　・入院付添費
　・入院付添人の交通費や宿泊費
②通院期間中の治療に関連する費用
　・病院の通院治療費
　・接骨院、整骨院、鍼、マッサージなどの治療費
　・通院付添費
　・診断書作成費用
③通院交通費
④休業損害
⑤入通院慰謝料

■後遺障害による損害

①逸失利益
②後遺障害慰謝料

❷ 傷害による損害（症状固定前までに発生した損害）

1 入院期間中の治療に関連する費用

　入院治療費は、医学的に必要性及び相当性が認められる限り、症状固定までに実際にかかった実費を請求できる。入院中に購入した、パジャマ・下着・おむつ・洗面用具・フォークやスプーン・雑誌類等については、入院雑費として、1日あたり1500円を請求できる。定額であるので、請求にあたって領収書は必ずしも必要ではないが、念のため保管しておいてもらったほうがよい。

　特別室使用料や差額ベッド代は、原則として損害として請求できない。もっとも、医師の指示がある場合や、症状が重篤であるなど特別の事情がある場合には実費を請求できる。

　入院中に購入した義足などの装具器具類の費用については、医師の指示があることが一般的であり、必要性が認められる限り、請求できる。

　入院先の病院が完全看護の場合には、入院付添費は原則として損害として請求できない。もっとも、医師の指示がある場合や、被害者の年齢・症状から付添看護が必要であると認められる特別の事情がある場合は、損害として請求できる。入院付添いをする場合には、あらかじめ医師に付添看護を要する旨を、カルテや診断書に記載してもらうとよい。職業付添人の場合には実費全額、親や兄弟などの近親者が付き添った場合には1日につき6500円を被害者本人の損害として請求できる。さらに、症状の程度や、被害者が幼児・児童である場合は、1割から3割の範囲で増額が認められることもある。

　入院付添費が認められる場合には、付添人の交通費も実費請求できる。また、症状が重篤な場合などには、付添人のホテル宿泊費やマンション賃料が請求できることもある。

2　通院期間中の治療に関連する費用

　通院治療費も、医学的に必要性及び相当性が認められる限り、症状固定までに実際にかかった実費を請求できる。ただし、症状固定までに長期間の治療がなされた場合には、治療の必要性がなかったとして、事故から一定期間経過後の治療費を否認されるケースもある。

　接骨院、整骨院、鍼、マッサージなどの東洋医学に基づく治療費については、否定されることが多いため、医師の指示を診断書に記載してもらうことが望ましい。

　近親者の通院付添費は、幼児・児童など被害者の年齢や、歩行困難などの受傷の程度から必要性が認められる場合は、1日につき3300円を請求できる。

　損害賠償請求の際に必要な診断書作成費用も損害として請求できる。

3　通院交通費

　電車やバスなどの公共交通機関を利用した場合の費用については請求できる。

　タクシー代については、症状や年齢により公共交通機関を利用できない場合、公共交通機関の便が悪すぎて到着までに時間を要しすぎる場合など、タクシー利用がやむを得ないと認められる場合は、領収書を添付したうえで請求できる。

　通院のために自家用車を利用した場合は、ガソリン代、高速料金、駐車場料金などの実費相当額を請求できる。ガソリン代については、1キロメートルあたり15円で計算することが多い。

4　休業損害
ア　損害の発生と計算方法

　休業損害とは、事故前の収入を基礎として、受傷によって休業したことにより現実に得ることができなかった収入の減収分の損害をいう。

　現実に収入を得ることができなかった収入の減収分であるから、例えば家賃収入を得ているいわゆる不労所得者は、入院中であっても現実の収入は減少しないので休業損害は発生しない。

また、そもそも事故時に就労していない幼児、児童、学生には休業損害は発生しない。ただし、学生であってもアルバイトをして収入を得ている場合には、休業損害は発生する。

　休業損害の基本的な計算の仕方は、基礎収入（1日あたりの収入）に休業日数を掛けた金額となる。基礎収入（1日あたりの収入）は、通常事故前年の年収を365日で割るか、事故直近3か月の収入を90日で割ることで算出することが多い。

　被害者の代理人としては、まずは事故日から症状固定日までの日数を休業日数として扱い、加害者の任意保険会社から具体的な反論（例えば、事故直後2か月は100％、その後2か月は50％、その後症状固定までの期間は30％というように、割合的な主張がなされることがある）があった時点で再検討する、というのも一つの方法である。

イ　給与所得者の休業損害

　給与所得者の基礎収入は、基本給のほか、賞与、残業代、住宅手当、通勤手当等を含んだ金額であり、所得税、住民税を控除する前のいわゆる額面金額となる。

　基礎収入の根拠資料は、勤務先が発行する事故前年の源泉徴収票、事故前直近の3か月の給与明細等を使用する。

　なお、休業によって昇給が遅れた場合は、勤務先の賃金規程など、昇給を証明する資料があれば、昇給後の賃金と現実に支払われた給与との差額についても損害として請求できる。

　入院期間中は全て休業日数に算入される。また、退院後に医師の指示により、出勤せずに自宅療養をしていた期間も休業日数に算入される。

　有給休暇の使用の有無にかかわらず、欠勤して通院した場合、通院日は休業日数に算入される。また、半休を使用して通院した場合は、0.5日として休業日数に算入する。

ウ　会社役員の休業損害

　会社役員の基礎収入は、役員報酬のうち労働対価分の金額となる。経営の結果による利益配当的な報酬分については、基礎収入から除外される。

　したがって、実際に業務を行っていない役員は、役員報酬のうち労働

対価分が存在しないため、原則として休業損害を請求できない。

　一方で、特別の技術を有し、その役員以外にその業務ができる従業員がいない場合や、長年給与所得者として勤務を続けて役員となり、役員となった以降も同様の業務に従事し、役員報酬額も以前の給与額とほぼ変わらない場合などは、役員報酬全額が労働対価分と評価できる。

　基礎収入の根拠資料は、役員報酬額がわかる決算書等に加え、労務従事性を示す資料を個別具体的に検討する。

　休業日数については、給与所得者と同様の考え方でよい。

エ　個人事業主の休業損害

　個人事業主の基礎収入は、事故前年の確定申告書上の売上額から必要経費を控除した純収入に対し、被害者本人の寄与率を掛けた金額となる。

　青色申告をしている場合には、青色申告決算書の売上金額から、売上原価、経費、専従者給与を控除した後の所得金額が基礎収入となるが、休業期間中も事業の維持のために支払わなければならない事務所の賃料、減価償却費、リース料、損害保険料、利子割引料、事業税等の租税公課といった固定経費については、必要経費から控除する必要はない。

　基礎収入の根拠資料は、事故前年の確定申告書が基本となるが、申告していない場合などは、売上と経費に関する資料（伝票、帳簿、請求書、領収書、預金通帳等）を準備する必要がある。

　何らかの事情により、事故前年の基礎収入が過去数年と比べて極端に少なかった場合などは、事情を明らかにしたうえで、事故前3年の平均収入や賃金センサスの平均賃金を根拠に基礎収入を算出することもある。

　被害者本人の寄与率については、売上が本人のみの手腕才覚によるものである場合は、100％を主張する。

　休業日数については、給与所得者と同様の考え方でよい。

オ　家事従事者の休業損害

　家事従事者の基礎収入は、事故が発生した年の賃金センサス第1巻第1表の産業計・企業規模計・女子労働者・学歴計・全年齢平均賃金を基礎として算定することが多い（男性の専業主夫の場合も、女子労働者平均賃金が基礎とされることが多い）。もっとも、概ね60歳以上の家事従

事者については、年齢別平均賃金が算定の基礎とされることや、年齢別平均賃金から30％程度減額されることもある（高齢になればなるほど減額されることが多い）。

家事従事者にパートなど一定の収入がある場合でも、その収入が全年齢平均賃金を下回る場合には、全年齢平均賃金が基礎収入の基礎となる。

家事従事者性の根拠資料は、住民票や課税証明書などの公的書類のほかに、被害者本人や同居家族の陳述書などを準備する。また、診療録（カルテ）に、家事従事に関する被害者本人の供述が記載されていることもあるので、その場合には証拠として引用する。

休業日数については、入院期間中は全て休業日数となる。一方、通院期間中については、症状から家事労働に支障がない場合は通院日のみを休業日数として算入し、症状から家事労働に支障がある場合は、事故直後の一定期間は100％、徐々に改善が見られたとしてその後2か月は50％、その後の症状固定日までの期間は30％というように、割合的に休業損害を認める考え方がある。

カ　失業者の休業損害

事故当時失業していたとしても、労働能力と勤労意欲があり、就労する確実性がある程度認められる場合には、休業損害を請求できる。

失業者の基礎収入は、再就職によって得られる可能性のある収入額を、失業前の収入を参考に基礎として算出することが多い。もっとも、失業以前の収入が平均賃金を下回る場合、平均賃金が得られる蓋然性があれば、賃金センサス第1巻第1表の産業計・企業規模計・男女別・学歴計・年齢別の平均賃金を基礎に算定する。もっとも、就労していない期間が長い、就労の具体的な見通しが立っていない場合などは、平均賃金の7割から8割程度に減額されることもある。

失業者の基礎収入の根拠資料としては、失業以前の就労先が発行した源泉徴収票や給与明細、再就職予定先がある場合には同社の給与条件書などを準備する。

休業日数については、給与所得者の考え方と同様であるが、就職できるまでの期間（例えば60日間など）を、休業日数から控除することがある。

5　入通院慰謝料

　治癒または症状固定日までの期間に受けた精神的苦痛として、入通院慰謝料を請求できる。

　本来、精神的苦痛の程度は被害者によって異なるが、裁判実務では、傷害の程度と入通院期間を基準として定型化されており、具体的には、赤い本記載の入通院慰謝料算定表別表Ⅰ及び別表Ⅱを用いて、金額が算定される。

　原則として、入通院期間を基礎として別表Ⅰを用いる。横軸の入院月数と縦軸の通院月数が交差した欄に記載された金額が慰謝料金額となる。通院期間については、実通院日数ではなく、事故日から治癒または症状固定日までの全期間となる。もっとも、通院が長期間にわたる場合は、症状、治療内容、通院頻度を踏まえ実通院日数の3.5倍程度を通院期間の目安とすることもある。

　むち打ち症で他覚的所見がない場合には、別表Ⅱを用いる。もっとも、通院が長期間にわたる場合は、症状、治療内容、通院頻度を踏まえ実通院日数の3倍程度を通院期間の目安とすることもある。

❸ 後遺障害による損害

1　逸失利益

ア　算出方法

　逸失利益とは、後遺障害により将来に向かって労働能力が失われたことによって得ることができなくなった利益をいう。

　逸失利益は、基礎収入（年収）に、後遺障害等級認定された等級に対応する労働能力喪失率を掛けて1年間の損害額を算出し、これに労働能力喪失期間（年数）に対応するライプニッツ係数を掛ける（中間利息控除を行う）ことによって算出する。

　基礎収入（年収）は、原則として事故前年の現実の収入を基礎とする。

　労働能力喪失率は、原則として労働省労働基準局長通牒（昭32年7月2日基発第551号）別表労働能力喪失率表に規定された、下記の等級別労働能力喪失率を用いる。

等級	労働能力喪失率
1 級	100%
2 級	100%
3 級	100%
4 級	92%
5 級	79%
6 級	67%
7 級	56%
8 級	45%
9 級	35%
10 級	27%
11 級	20%
12 級	14%
13 級	9 %
14 級	5 %

　もっとも、被害者の職業、年齢、性別、後遺症の部位・程度、事故前後の稼働状況等を総合的に判断して、上記で規定された喪失率以上の率が認められることがあるし、反対に上記で規定された喪失率が認められないこともある。例えば、外貌醜状痕は、必ずしも減収や労働能力に影響を与えるものとは言い切れないことから、労働能力の喪失が認められないことも多いが、被害者の代理人としては、外貌醜状痕により就業に対する不利益が生じていることや、将来的に影響を及ぼす可能性があること等を個別具体的に主張立証するべきである。

　労働能力喪失期間は、原則として症状固定時の年齢から就労可能年齢とされている 67 歳までの期間となる。

　未就労者の就労の始期については原則 18 歳と考えるが、大学卒業が前提とされている場合には大学卒業時とする。

　高齢者の場合には、簡易生命表の平均余命の 2 分の 1 の期間が 67 歳までの労働能力喪失期間よりも長い場合は、平均余命の 2 分の 1 の期間が労働能力喪失期間となる。

また、いわゆるむち打ち症の場合の労働能力喪失期間について、時間の経過により馴れることによって労働能力が回復する可能性があることを論拠として、12級で10年程度、14級で5年程度に制限する例が多い。

　逸失利益は、本来であれば67歳までに定期的に発生する損害を一時金で請求するものであり、本来将来に受け取るべき価額を現在の価額に評価し直す必要がある（中間利息控除の必要性）。中間利息控除の方法としては、毎年の収入を年3％の複利で運用することを前提としたライプニッツ式と、年3％の単利で運用することを前提としたホフマン式があるが、東京地裁をはじめとする多くの裁判所はライプニッツ式を採用しており、示談交渉においても、症状固定日からのライプニッツ係数（年金原価表）を使用することが多い。

イ　給与所得者の逸失利益を算定する場合の基礎収入

　給与所得者の基礎収入は、原則として事故前年の源泉徴収票に記載された社会保険料や税金等を控除する前のいわゆる額面金額となる。

　事故時に概ね30歳未満の若年労働者については、就労期間が短く一般に収入が低いため、原則として症状固定時の賃金センサスの全年齢平均賃金を基礎収入として請求できる（実際の収入が賃金センサスの平均賃金を超える場合は実収入で請求する）。

ウ　会社役員の逸失利益を算定する場合の基礎収入

　会社役員の基礎収入は、休業損害の場合と同様に、役員報酬のうち労働対価分の金額となる。経営の結果による利益配当的な報酬分については、基礎収入から除外される。

　ただし、後遺障害の影響で役員を解任された場合や、会社の廃業を余儀なくされた場合などは、役員報酬全額を基礎収入とする余地がある。

エ　個人事業主の逸失利益を算定する場合の基礎収入

　個人事業主の基礎収入は、休業損害の場合と同様に、事故前年の確定申告書上の売上額から必要経費を控除した純収入に対し、被害者本人の寄与率を掛けた金額となる。

オ　家事従事者の逸失利益を算定する場合の基礎収入

　家事従事者の基礎収入は、症状が固定した年の賃金センサス第1巻第1表の産業計・企業規模計・女子労働者・学歴計・全年齢平均賃金を基

礎として算定することが多い（男性の専業主夫の場合も、女子労働者平均賃金が基礎とされることが多い）。もっとも、概ね60歳以上の家事従事者については、年齢別平均賃金が算定の基礎とされることや、年齢別平均賃金から30％程度減額されることもある（高齢になればなるほど減額されることが多い）。

カ　失業者の逸失利益を算定する場合の基礎収入

　休業損害の場合と同様に、事故当時失業していたとしても、労働能力と勤労意欲があり、就労する確実性がある程度認められる場合には、逸失利益を請求できる。また、基礎収入の考え方についても、休業損害の場合と同様である。

2　後遺障害慰謝料

　後遺障害慰謝料の金額については、裁判において後遺障害等級毎にある程度定額化されている。実際に損害賠償請求をする際には、赤い本を参照し、後遺障害等級毎に以下の金額を請求することが多い。

等級	後遺障害慰謝料の額
1級	2800万円
2級	2370万円
3級	1990万円
4級	1670万円
5級	1400万円
6級	1180万円
7級	1000万円
8級	830万円
9級	690万円
10級	550万円
11級	420万円
12級	290万円
13級	180万円
14級	110万円

また、被害者に後遺障害等級1級もしくは2級に相当するような重度の後遺障害が残った場合には、被害者本人の後遺障害慰謝料とは別に、近親者にも慰謝料請求が認められる余地がある。

❹ 損害額算定書の記載例

　ここまでの説明を踏まえ、損害額の記載例を次頁に掲載する。算定書作成の際には参照されたい。

■損害額算定書の記載例

	費目	金額	備考
(1)	治療費	1,500,000 円	
(2)	通院交通費	76,000 円	実通院日数 100 日 往復電車代 760 円 760 円 × 100 日 = 76,000 円
(3)	休業損害	4,000,000 円	事故前年の年収額 = 3,650,000 円 事故後 400 日分（通院期間日数）の休業損害 3,650,000 円 ÷ 365 日 × 400 日 = 4,000,000 円
(4)	慰謝料 （入通院）	1,823,667 円	赤い本の基準で 入院慰謝料：入院 19 日 別表Ⅰの 1 か月分は 53 万円 19 日分は 530,000 ÷ 30 × 19 = 335,667 円 通院慰謝料：通院総期間 488 日 = 16 か月 + 8 日 別表Ⅰの 16 か月は 166 万円 8 日分は（1,660,000 − 1,640,000）÷ 30 × 8 = 5,333 円 1,660,000 + 5,333 = 1,665,333 円 通院慰謝料：入院 19 日分の通院慰謝料 別表Ⅰの 1 か月分は 28 万円 19 日分は 280,000 ÷ 30 × 19 = 177,333 円 335,667 + 1,665,333 − 177,333 = 1,823,667 円
(5)	逸失利益 （後遺障害）	8,230,020 円	基礎収入額 = 3,650,000 円 後遺障害等級 = 11 級、労働能力喪失率は 0.20 症状固定時年齢 = 50 歳 就労可能年数に対するライプニッツ係数 = 11.274（17 年として計算） 3,650,000 × 0.20 × 11.274 = 8,230,020 円
(6)	慰謝料 （後遺障害）	4,200,000 円	後遺障害等級 11 級
(7)	(1)～(6)の小計	19,829,687 円	
(8)	過失相殺	0 円	
(9)	損益相殺	4,810,000 円	①既払 1,500,000 円 ②自賠責保険 3,310,000 円 計 4,810,000 円
(10)	(8)と(9)の小計	4,810,000 円	
(11)	(7)−(10)	15,019,687 円	
(12)	弁護士費用	−	示談による早期解決を前提に計上しません。
(13)	(11)と(12)の小計	15,019,687 円	
(14)	遅延損害金	−	示談による早期解決を前提に計上しません。
	総合計	15,019,687 円	

6 ミスゼロのための チェックポイント

❶ タクシー通院の注意点を依頼者に説明する

　通院のために要する交通費は、よほどのことがない限り、立証資料として領収証の提示をすることなく、通常は認められる（ただし、自家用車を利用した場合の駐車料金については、別途立証資料が必要）。よって、通院交通費を弁護士が直接、確認をすることは少ない。しかしながら、依頼者によっては、通院にタクシーを利用していることもある。前述の「通常認められる通院交通費」は、あくまで自家用車、もしくは公共交通機関を利用した場合の費用であり、タクシー代については、これに含まれない。タクシーを利用した場合には、そのタクシー料金を証明するための領収証が必要であり、かつ、タクシー利用の必要性についての立証が必要である。

　このうち、タクシー代の領収証については、処分さえしなければ、後日、取り付けることが可能であり、別途の費用が必要なものではない。

　しかしながら、タクシー利用の必要性については、別途立証が必要である。具体的には、医師から歩行を禁止されている等の事情の立証が必要である。もちろん、足を骨折した直後などであれば、その立証は容易である。しかし、基本的に歩行ができないような場合には、車椅子の利用の指示がなされるか、入院の対応となるのが通常であり、通常の通院での対応で進められる可能性は低い。よって、厳格に考えれば、タクシー代の必要性が認められることは、通常の事例では存しない。そうであるとすれば、タクシー代の通院交通費が認められる可能性は低い以上、依頼者には、この点を十分に説明しておくべきである。

❷ 物損内容について確認する

　治療中、もしくは、治療終了後に依頼を受ける場合、すでにその時点では、物損については示談済みであることから、物損の状況について、依頼者から自主的に説明がなされることは少ない。

　また、通常、保険会社の担当者は、物損と人損で分かれており、別人である。よって、人損の担当者から、自主的に物損の状況についての説明がなされることも少ない。

　しかしながら、傷害の程度、すなわち、症状固定時期などの判断においては、物損の状況についても、大きな判断要素の一つとなる。

　そうであるとすれば、治療中、もしくは、治療終了後に、人的損害についての依頼を受けたとしても、物損に関する資料を取り付けることを忘れないようにすべきである。

❸ 診断書・診療報酬明細書等を取り付ける

　治療中であり、かつ、対人賠償責任保険会社が、治療費についての一括対応をしている場合、もしくは、人身傷害保険会社が、治療費についての一括対応をしている場合、依頼者は、治療費がいくらかかっているかについて、具体的に認識はしておらず、また、どのような治療を受けているのかについて正確な内容を把握していないことが多い。

　よって、治療終了後に依頼を受ける場合は、治療中に依頼を受けた場合といえども、適宜、保険会社から診断書・診療報酬明細書等の書類を取り付けるべきである。

　なお、注意点として、取り付けた診断書・診療報酬明細書については、必ず依頼者に写しを交付し、内容について確認をしてもらうべきである。病院から発行される診断書・診療報酬明細書も、最終的には、人が作成しているものであり、治療日が誤って記載されていることもあるし、また、依頼者の認識している傷病名と、病院の診断書に記載されている診断名が異なる可能性もあるからである。

　さらに、弁護士であれば、診断書・診療報酬明細書の内容を、取り付

け次第、毎回、精査をすべきである。

　例えば、いわゆる頚椎捻挫・腰椎捻挫事例においては、診療明細書記載の治療の内容を精査し、治療経緯に変化がないか確認をするべきである。治療経緯に変化がなく、同じ治療が継続してなされ、数か月継続している場合には、すでに症状固定と判断される時期になっている可能性があるし、少なくとも、相手方保険会社としては、症状固定と判断する可能性が高まるからである。このような場合には、治療方針について、依頼者に医師と相談させ、このまま継続をするのか、それとも、治療方針等を一部変更し、治癒に向けた治療を進めていくのか、検討すべきである。

❹ 施術証明書を取り付け、内容を確認する

　診断書・診療報酬明細書と同じく、依頼者が、整骨院に通院をしている場合で、かつ、対人賠償責任保険会社、もしくは、人身傷害保険会社が施術費用についての一括対応をしている場合、施術証明書兼施術費明細書（以下、「施術証明書」という）を取り付けるべきである。

　そして、施術証明書を取り付けた際には、施術の内容と施術費用について、よくよく確認をするべきである。

　まず、施術の内容については、部位と施術の種類の確認をすべきである。

　部位については、診断書に記載されている傷害を受けた箇所と、施術証明書に記載されている部位が合致しているかという点、及び依頼者が、その時点で主張する疼痛などの範囲が合致しているか、さらには、骨折箇所についての施術がなされていないか、という点である。

　また、施術の種類については、依頼者に整骨院でなされている施術の内容を確認し、過剰分が存しないか、確認をするべきである。一般的には、整骨院でなされる施術は、いわゆるマッサージなどに該当する後療、いわゆる電気を当てる電療、及び温めるか冷やすかの措置をするあん法（罨法）の三種類であり、他にも鉄アレイなどを利用した運動療法等がある。そして、多くの整骨院が、施術費を請求する際には、後療、電療、

あん法の全てを行っていることを前提に、施術証明書を作成している。しかしながら、実際に依頼者に整骨院で行っている施術の内容を確認すると、「電療しかやっていない」とか、「後療しかやっていない」等と言われることはよくある。よって、この点についての確認も必須である。

さらに、施術費用については、金額として問題がなさそうかどうかについて、よくよく確認をするべきである。すでにケース1「7　ミスゼロのためのチェックポイント」（33頁）にて説明済みであるが、施術費用については、健康保険基準と、自由診療基準では、大きな相違が認められる可能性が高い。よって、この点については、依頼者に事前に説明をしておくべきである。

また、施術証明書上では、複数の部位につき、後療、電療、あん法の3種類がなされているような事例においては、整骨院で施術を受けている時間についての確認も必要である。そもそも一部位に後療、電療、あん法を行うためには、30分程度の時間が必要となる。よって、もし4部位につき、後療、電療、あん法を行っている場合、少なくとも1時間以上の施術時間がかかっているはずである。しかしながら、依頼者に話を聞くと、「4部位あるものの、毎回、40分程度で施術が終わっている」等の話を聞くことも少なくない。この場合、整骨院の施術費用につき、4部位相当の金額を請求することは、明らかに妥当ではない。よって、この場合には、別途の対応が必要となる。

❺ 事故状況について把握する

治療中、もしくは、治療後に依頼を受けるような場合で、相手方が一括対応をしている場合、過失割合が目前では問題となっていないことから、事故状況についての説明をされないことがある。しかしながら、事故状況は、依頼者が主張する傷害の内容との整合性を図る意味でも有用なものであるし、また、現時点で問題となっていないものの、後日、問題となる可能性もある。さらに言えば、相手方が一括対応しているからといって、過失相殺の主張をしてこないとは限らないし、過失相殺がなされる場合には、可能な限り、治療費を低額に抑えるために、健康保険

や労災への切り替えをアドバイスすべき場合もある。

　よって、依頼者が主張する傷害の内容との整合性を図るため、及び過失相殺率について検討するために、事故状況の把握は必要である。

❻ 刑事記録を取り付ける

　事故状況についての把握に並ぶものであるが、よほど明確な事故でない限り、刑事記録（もしくは、物件事故報告書）は、取り付けるべきである。そして、それもできるだけ早いタイミングで取り付けるべきである。刑事記録を取得してみたところ、依頼者が主張する事故状況とは異なる事故状況が記載されているということも少なくない。今後の方針を検討する際の参考とすべきである。

❼ 被害者請求は、できるだけ早期に行う

　相手方加入の保険会社が一括対応をしてくれないような場合、または、一括対応をしていたとしても、後遺障害については被害者請求で進めたいという希望がある場合には、自賠責保険に被害者請求をすることとなる。

　ところで、被害者請求を行う際に、自賠責保険から必要書類一式を取り付け、適宜、記載をし、提出をすることとなるが、その際、一部欠落した書類で被害者請求を行う弁護士も少なくない。もちろん、絶対に忘れてはいけない、というほどのものではないが、自賠責保険は、書面審査であり、書面が提出されなければ検討が進まない以上、できる限り早期に、必要書類全てを取り付け、対応をするべきである。

　かかる手続を怠ると、被害者請求に半年程度の期間を要し、その間に、加害者に対する損害賠償請求権が消滅時効にかかる等、典型的な弁護過誤を発生させる可能性もあるし、何より、早期解決が図れないからである。

❽ 少なくとも毎月、治療状況を確認する

「❸診断書・診療報酬明細書等を取り付ける」（107頁）や「❹施術証明書を取り付け、内容を確認する」（108頁）に記載されている内容を守れば、必然的に充足することとなるが、相手方保険会社が一括対応をしていない場合等で、治療中に依頼を受けるような場合には、少なくとも毎月、治療状況について確認するべきである。

もちろん、依頼者が、「いまだ継続して治療が必要である」と主張している場合には、弁護士が症状固定の交渉を依頼者に対して行うことは筋が違う。しかし、将来的に訴訟提起をするような場合には、相手方が、症状固定時期につき争ってくる可能性がある。よって、将来これに対応することができるように、治療状況について把握し、そのときどきに応じたアドバイスをすべきである。

❾ 使える保険を確認する

弁護士に依頼がなされる場合には、すでに弁護士費用特約等の付帯があるかどうかについての説明がなされ、また、他にも自身が加入している保険会社から、自分が使える保険についての説明がなされていることも少なくない。

しかしながら、例えば、依頼者が追突をされた事案等においては、依頼者としては自身が加入している保険会社への報告は不要であると考え、何ら報告をしていないことも多いし、自身が加入している保険会社から、使える保険についての説明がなされていないこともある。

さらに、例えば、自宅の火災保険を確認したところ、弁護士費用特約に加入していたという例も少なくない。

よって、使える保険として何があるかどうかについては、まず、確認をするべきである。

❿ 依頼者の仕事内容を確認する

　休業損害がある場合には、通常、確認をすると思われるが、そうでない場合でも、依頼者の業務内容についての確認はしておくべきである。

　例えば、男性であっても、家族構成等によっては、主夫休損を請求することができる場合もあるし、また、業務内容が、今後の治療継続に影響を与えることもあるからである。

⓫ 労災を利用している場合に注意する

　労災を利用して、通院をしているケースも、決して少なくない。この場合、次の点について念のため確認をすべきである。

　すなわち、まず、第三者行為により労災を利用している場合には、労災から相手方に対する求償権が発生している。そして、その場合には、被災者（依頼者）は、労災に対して、いわゆる念書を提出していることが多く、示談をする前には、必ず一報をすることが求められている。そして、この一報を怠った場合、事情によっては、労災が支払いをした治療費について、依頼者が返還を求められるケースも考えられる。よって、示談前には、労災への連絡を忘れないようにすべきである。

　また、労災を利用している場合、病院から労災に対して、診断書のようなものや、診療報酬明細書のようなものが提出されている。そして、その謄写費用は、診断書・診療報酬明細書を作成してもらう費用よりも、明らかに矮小な金額である（数百円程度で収まることが多い）。よって、労災を利用している場合で、相手方に損害賠償請求をする際には、一から診断書・診療報酬明細書を取り付けるのではなく、労災から書類の謄写を受けることで足りることも多く、無駄な支出を避けることができる。

　さらに、労災を利用している場合で、休業がある場合、通常は、休業損害の6割相当額に対応する療養給付金のほか、2割相当額に対応する特別療養給付金を受領している。ところで、このうち、特別療養給付金については、損益相殺の対象とはならない。よって、療養給付金のほか、特別療養給付金を受領している場合には、何ら問題はないものの、受領

していない場合には、少なくとも、特別療養給付金だけでも受領したほうが依頼者の経済的利益を満足させることができる。ただし、労災利用については、勤務先の労災保険料との兼ね合いで、勤務先が事実上、拒否をしてくることもある。このような場合には、依頼者と勤務先にて、よくよく協議をしてもらうべきである。

⓬ 裁判をした場合の予想額を告知しておく

これは、一般的な事件、全てに該当するものであるが、交通事故の場合も例外ではない。

また、むしろ、一定の交通事故案件（信号色が争いとなっているような0：100か、100：0かが争いとなるような事案）を除き、交通事故事案は、大量の裁判例が存することから、一般的な事件と比較し、より詳細な予想をすることができる。もちろん、過失相殺率に幅はあるし、争点についても、一定の幅がありうるものの、一般的な事案と比較すれば、おおよその予想を立てることが可能である。よって、裁判をした場合、最大でこの程度の、最少でこの程度の元金を取得することができそうであるということは、できる限り、事前に告知をしておくべきである。

さらに言えば、相手方からの第一提示があったタイミングで、依頼者と損害額について打ち合わせをするに際して、項目漏れ等を防止するために、損害額積算表を作成し、その中に裁判をした場合の予想額の最大と最少を計算した結果を踏まえて、提示しておいたほうがよい。内容如何によるが、場合によっては、交渉で最少額以上の金額を相手方保険会社から引き出せた場合、裁判をした結果、どの程度、減額する可能性があるのかが示されていれば、依頼者としても訴訟を希望するか、それとも交渉にて解決をするかについて、十分な検討ができるからである。

自転車事故の依頼

【事例】「自転車同士、出会い頭に衝突してしまいました」

　ある日、甲弁護士のもとに、知人Aから連絡があり、聞くと、Aの自転車ツーリング仲間であるXが、自転車同士の事故に遭ってしまったので、「相談に乗ってあげてほしい」ということであった。

　そこで、甲弁護士は、早速Xに連絡をとり、翌日、来所してもらうこととした。

―相談当日―

甲：改めまして、弁護士の甲です。どうぞよろしくお願いいたします。

Ｘ：よろしくお願いいたします。

甲：早速ですが、自転車同士の事故に遭われてしまったと伺っています。どのような事故でしょうか。

Ｘ：私は、丁字路交差点の直線路を直進していたのですが、相手が突き当たり路から一時停止をしないで突然出てきたので、出会い頭に衝突してしまいました。

　　私も自分が無過失だと思っているわけではないのですが、実は、過去に、自動車で同じような事故をしたことがありまして、そのときは、こちら15：相手85で示談したのです。今回も同じ過失割合になりますかね。

甲：突き当たり路には、一時停止標識はありましたか。

Ｘ：ありました。

甲：（別冊判タ No38【141】図を見せながら）そうすると、この図と同じような状況でしょうか。

Ｘ：そうです。やっぱり15：85になるのですね。

甲：こちらのほうが、過失は小さくなる可能性が高いとはいえます。相手の年齢はわかりますか。

X：年齢まではわかりませんが、子供でした。

甲：自転車は、免許制度がないので法規を知らない人でも運転できます。

　また、自動車の場合ほど一時停止が守られていない現状があります。

　これらの実情から、裁判では、突き当たり路走行車が子供の場合、一時停止規制を理解できないことが無理からぬ一方、直進路走行車は子供等の自転車の飛び出しを想定すべきと判断されると、【141】図の過失割合より、突き当たり路走行車に有利に判断されてしまう可能性があります。

　そうすると、相手が強気に出てきた場合、こちらが若干譲歩しないと示談できない可能性も考えられます。このあたりは相手の年齢や主張が判明してから改めて検討するとして、まずは、【141】図を根拠に、15：85だと主張していきましょう。

X：お願いします。

　あと、私の自転車は、カーボンフレームのロードバイクでして、内部にも損傷があるかもしれないので、10万円かけて超音波検査をやってもらいました。ただ、相手の損害保険会社は、「検査費用を支払えない」と言っているので、仕方なく立て替えています。

　検査費用は、取り返せますかね。

甲：相手は、損保が出てきているのですね。

X：そうです。事故以後、相手本人とは話していません。詫びの一つもないです。

甲：損保が、本人同士連絡しないよう言ってきたりすることもありますからね。でも、損保がいるのは不幸中の幸いです。もし、相手が無保険でお金を持っていない人だと、回収しようがないですからね。

　検査では、どのように診断されたのですか。

X：「内部には異常がない」との診断でした。

　そこで、相手損保は、「超音波検査は結果的にする必要がなかったのでその費用は認定できず、外傷の修理費3万円だけを認定する」と言っています。

　ただ、カーボンフレームは、倒したりすると内部に損傷が出る可能性があることは、ロードバイク乗りの間では常識なのですが。

甲：今回の事故がなければ、検査はしなかったということですよね。

X：何もなければ、高いお金を支払って検査はしませんでした。

甲：その常識というのは、本などに載っていますか。

X：本にも書いてあるし、インターネットでもすぐ出てきますよ。

甲：たしかに、インターネットで出てきますね。それでは、カーボンフレームは予想外の方向からの衝撃に弱く、内部に損傷が生じる可能性があるということがわかる資料を提出して、今回の事故があったせいで検査費用を支出する必要があったと主張して、交渉しましょう。

X：お願いします。

甲：お怪我はないですか。

X：怪我はないです。

甲：それはよかったです。ほかに壊れたものとかないですか。スマホが落ちて傷がついたとか、服が破れたとか。

X：あ、ズボンが少し破れました。

甲：そのズボンがまだお手元にあれば、写真を撮っていただいて、また、レシート等があれば、とっておいてください。

X：ズボンの写真は撮っておきます。レシートはもうないかなぁ。一応探してみます。

甲：あと、話は戻りますが、損保が出てきているのであれば、過失割合について、何か言ってきていますか。

X：初めて相手損保から電話がかかってきたときに、いきなり「この事故は30：70ですから」と言われました。理由も聞いたのですが、よくわかりませんでした。

甲：30：70だと、一時停止標識がない場合と全く同じになってしまいますね。いくら自転車に免許制度がないといっても、ちょっと納得し難いですね。

　　過失割合についても、できるだけ、有利な数値を獲得できるよう尽力します。

X：お願いします。

1 自転車損害賠償責任保険等の付保を確認する

❶ 自転車損害賠償責任保険等とは

　自転車損害賠償責任保険等（以下、「自転車保険等」という）とは、「自転車の運行によって人の生命又は身体が害された場合における損害賠償を保障することができる保険又は共済」（自転車損害賠償責任保険等への加入促進に関する標準条例（以下、「加入促進条例」という）第2条）をいい、「日常生活賠償特約」や「個人賠償責任補償特約」等の名称で販売されているものをいう（「個賠（こばい）」と通称される）。

　「特約」とされているとおり、近年まで、単独で加入できる保険がほとんどなかったため、自動車保険、火災保険、傷害保険等に付帯していることが多い。

　自転車事故は、個人の日常生活において発生する損害の一態様として、個賠の補償対象となっている。

　なお、加入促進条例の定義では、自転車保険等は人身損害に対する保険が対象となっているが、実際に販売されている個賠では、対人補償だけでなく、対物補償も付されている場合がほとんどであろう。

❷ 自転車保険等加入の確認

1　相手方自身に自転車保険等の付保があるか

　自動車事故同様、相手方加害者が無保険者（いわゆる任意保険に加入していない者）である場合、相手方に資力がない等の理由で、回収が困難または不可能である事案は相当数存在する。

　したがって、自転車事故の相手方とのファーストコンタクトでは、相手方に、自転車保険等の加入があるか否かの確認が必須である。

もっとも、自転車保険等は、❶に記載のとおり、単独で加入されている場合より、他の保険の特約として付保されている場合が多いため、相手方が、自身の加入している保険に自転車保険等が付帯していることを失念しているか、そもそも自転車保険が付帯していること自体を認識していないことがありうる。

　そのため、相手方に対しては、「自動車保険、火災保険等、何らかの保険に加入していないですか」などと包括的に聞いたほうがよいであろう。例えば、相手方が自動車保険に加入していることが判明した場合には、相手方の了承をとり、弁護士が当該自動車保険会社に対して連絡し、自転車保険等適用の有無を問い合わせる等、漏れがないようにしなければならない。

2　他者の保険の補償を受けることができるか

　相手方自身に自転車保険等の付保がなくても、他者が加入する保険の補償対象となっている場合があるから、以下を確認すべきである。

ア　両親等親族の保険

　未成年の子を持つ保護者は、保険契約者本人だけでなく、同居の親族や、生計を一にする別居の未婚の子（例えば、親から仕送りを受けている一人暮らしの学生）を、自転車保険等の補償対象にしていることが多い。

　したがって、相手方が若年者である場合等には、親族が加入する自転車保険等の補償対象となっていないかを確認すべきである。

イ　使用者・事業主の保険

　事業活動のために自転車を利用している事業者（例えば、自転車による宅配業者）が、「施設（所有（管理）者）賠償責任保険」等の名称で販売されている保険に加入している場合、自転車運転者である従業員が保険の補償対象となっている可能性がある。

　したがって、相手方が事業活動のために自転車を利用している事業者の従業員である場合には、事業者が加入する保険の補償対象となっていないかを確認すべきである。

ウ　自転車貸付業者（シェアサイクル社・レンタサイクル社等）の保険

　自転車貸付業者が加入している自転車保険等が、自転車運転者を補償対象としている場合がある。

　特に、近年では、自転車使用料に保険料を含めて値段設定をしている自転車貸付業者も増えている。

　したがって、相手方が、自転車貸付業者貸出しの自転車運転者である場合には、自転車貸付業者が加入する自転車保険等の補償対象となっていないかを確認すべきである。

❸ 示談交渉サービス付帯の有無の確認

　近年、自転車保険等の加入促進を受け、保険商品としても、示談交渉サービス付きのものが増えてきている。

　もっとも、自動車保険では、ほとんどの商品が示談交渉サービス付きであることと比べれば、自転車保険等では、示談交渉サービスが付帯されていない商品も少なくないのが現状である。

1　示談代行サービスが付帯されている場合

　自転車保険等が相手方を補償対象としており、かつ、示談交渉サービスを付帯しているのであれば、自転車保険等会社と交渉すればよい。

2　示談代行サービスが付帯されていない場合

　自転車保険等が相手方を補償対象としている場合であっても、示談交渉サービスを付帯していなければ、相手方本人と直接交渉せざるを得ない。

　もっとも、自転車保険等会社は、適正賠償と認定できる範囲でしか、保険金を支払わないであろうから、相手方本人を介して、自転車保険等会社へ依頼者の損害資料を提供するなどして、自転車保険等会社の認定を得ておくことが、後のトラブル回避の観点からは有効である。

2 自転車同士の事故の過失割合の考え方を理解する

❶ 自転車同士の事故における過失相殺基準

1 　自転車同士事故における過失相殺基準は存在しない

　自動車事故における過失相殺率については、東京地方裁判所交通部裁判官らが編著した別冊判タ No38 により、事故類型毎に基本過失相殺率が定められているのに対し、自転車同士の事故については、議論がまだ十分にされていない現状を踏まえ、別冊判タ No38 での基準化は見送られている（同書 45 頁 4 段落目参照）。

2 　自転車同士事故における過失相殺交渉の組み立て

　自転車同士事故における過失相殺率基準化へ向けての現状の到達点といえるのは、赤い本 2016 年版下巻に掲載されている「自転車同士の事故の過失相殺基準（第一次試案）」（以下、「第一次試案」という）である。

　ただし、第一次試案はあくまでも試案であるため、自転車同士事故の過失相殺交渉の場において、同試案を基準とすることにコンセンサスが得られているとはいえない。

　したがって、自転車同士事故の過失相殺交渉としては、原則的には別冊判タ No38 の自動車同士事故の過失相殺率を参照しながら行えばよいが、第一次試案での考察のうち、依頼者に有利な視点がある場合には交渉材料として使っていくということになろう。

　その意味で、第一次試案の考察を押さえておくことは有益である。

❷ 各事故類型における考え方

　事故類型毎に、過失割合の考え方を解説する。第一次試案における考

察及び裁判例を踏まえつつ、弁護士が事件を処理する際に重要なポイントとなる、別冊判タ No38 参照の可否、修正要素、交渉方法を解説することとする。なお、実務においては、受任した事件の状況を踏まえた個別具体的な対応や交渉が必要となる。以下では、私見も述べているので事案に合わせて応用していただきたい。

1 交差点事故

ア 信号機により交通整理の行われている交差点における事故

第一次試案では、自転車の運転には免許制度がないが、信号による規制は、誰もが知り得、一般に遵守されている規範であるから、自動車事故と同様の基本過失割合が提示されている。

したがって、具体的な交渉場面においても、別冊判タ No38【98】【99】【100】図をそのまま参照することができる。

イ 信号機により交通整理の行われていない交差点における事故

（ア）一方に一時停止の規制がある場合

別冊判タ No38【104】【141】図類似の事故類型を想定している。

第一次試案では、自転車の運転においては、一時停止規制は必ずしも厳守されていないこと、また、自転車は一般に低速で走行するものであり、一時停止規制がない側の自転車の結果回避可能性が四輪車に比してやや高いことから、別冊判タ No38【104】【141】図に比し、一時停止規制側の自転車の過失を 10％有利に修正するのが妥当としている。

裁判例では、大阪地判平 27 年 5 月 29 日自保 1951 号 161 頁に、直線路直進車 15：突き当たり路右折車 85 としたもの、神戸地判平 26 年 3 月 28 日自保 1925 号 137 頁に、直線路直進車 15：突き当たり路右折車 85 としたものがある。

（イ）同幅員の十字路交差点の場合

別冊判タ No38【101】図類似の事故類型を想定している。

第一次試案では、自転車の運転には、免許制度がないため、左方優先規制が浸透しておらず、厳守もされていない実態があり、また、自転車は一般に低速で走行するものであるから、左方車の結果回避可能性が四輪車に比してやや高いという事情がある一方、別冊判タ No38【101】図

の基本過失割合を右方車に有利に10％修正することとすると、過失割合が50:50となり、法規制を全く無視することになって妥当でないから、右方車の過失を5％程度有利に修正するのが妥当としている。

　裁判例では、大阪地判平27年4月24日自保1951号150頁に、左方車60：右方車40としたもの、京都地判平27年4月22日自保1951号141頁に、左方車50：右方車50としたものがある。

　（ウ）同幅員の丁字路交差点の場合

　別冊判タNo38【139】図類似の事故類型を想定している。

　第一次試案では、上記（イ）同様、直線路直進車優先を四輪車と同程度に考慮するのは疑問であるから、突き当たり路右左折車の過失を別冊判タNo38【139】図の基本過失割合から10％有利に修正するのが妥当としている。

　裁判例では、さいたま地判平31年3月27日（WLJ2019WLJPCA03276036）に、直線路直進車30：突き当たり路右折車70としたもの、名古屋地判平29年11月1日自保2013号134頁に、直線路直進車35：突き当たり路右折車65としたものがある。

ウ　私見と本ケースでの考え方

　第一次試案では、信号機により交通整理の行われている交差点事故においては、信号規制は誰もがわかるとして修正しない傾向である一方、信号機により交通整理の行われていない交差点事故においては、自転車の運転には免許制度がないこと、法規が厳守されていない実態があること等の理由により、法規違反者側の過失を軽減する傾向にある。

　しかしながら、裁判例としては、大阪地判平27年5月29日自保1951号161頁、神戸地判平26年3月28日自保1925号137頁等、別冊判タNo38と同じ過失割合を判示しているものが散見され、また、過失割合が修正されている裁判例でも、個別具体的な事情によって修正されているものが多い。

　これらの裁判例からすれば、免許制度がないこと、法規が厳守されていない実態等の一般論を理由に過失割合が軽減されるのではなく、当該事件の当事者において、当該法規を理解し得なくても無理からぬ者、例えば、児童や幼児等の場合に、過失が有利に修正される可能性があるに

過ぎないと考えられる。

　したがって、実際の事案では、別冊判タ No38 掲載の過失割合を基本としつつ交渉していくと考えてよいであろう。

　冒頭の法律相談事例では、基本的には別冊判タ No38【141】図のとおり、基本過失割合は当方 15：相手方 85 と考えてよいが、相手方が一時停止規制に疎い児童や幼児等の場合には、多少譲歩して早期の解決を模索する選択肢もあろう。

2　対向方向に進行する自転車同士の事故

　正面衝突、あるいはすれ違い事故を想定している。

　第一次試案では、双方の自転車が互いに相手を認識可能であり、回避可能性において対等であるから、50：50 が基本となるとされている。

　裁判例では、大阪地判平 30 年 11 月 16 日自保 2038 号 138 頁に、高速度車 40：中央部分はみだし車 60 としたもの、大阪地判平 30 年 10 月 30 日自保 2036 号 117 頁に、原告車 40：無灯火被告車 60 としたもの、横浜地判平 30 年 1 月 17 日自保 2020 号 39 頁に原告車 35：被告車 65 としたものがある。

　実際の自転車事故事案においては、ドライブレコーダー映像等の客観的資料が顕出されない可能性が高いことから、自動車事故に比しても、より 50：50 を基本に考えざるを得ない事例が多いであろう。

　したがって、交渉の場面では、相手方に、高速度、中央部分はみだし、無灯火等の事情がないか、また、相手方が障害物を避けたために当方車両側にはみだし接触した事情がないか等、個別具体的事情を依頼者から詳細に聴き取り、証拠化するなどにより、依頼者に有利に主張していくということになろう。

3　同一方向に進行する自転車同士の事故

ア　後続車が先行車を追抜き後、進路を変更して先行車の進路上に出た場合の事故

　別冊判タ No38【152】図類似の事故類型を想定している。

　第一次試案では、自転車運転の特性として、合図義務が厳守されてお

らず、バックミラーがなく、先行車が追抜いてくる後続車を認識して衝突防止措置をとることは困難である一方、後続車は、先行車の動向を確認でき、事故回避が容易であるから、事故原因は、後続車にあり、基本過失割合は、先行車0：後続車100とするのが妥当としている。

ただし、先行車にふらつきがあった場合には、ふらつきの程度に応じ、10〜20％修正するとする。

なお、先行車が後続車を認識できるのは、後続車が並走状態に入ってからである場合が多いことから、避譲義務（道交法27条2項）違反の修正は適用されず、また、「最高速度」の定めもないから、法27条1項違反による修正も適用されないとする。

裁判例では、横浜地判平29年3月29日自保2002号139頁に、先行車0：後続車100としたものがある。

イ　後続車が先行車を追抜く際、一時的に並走状態になる場合の事故

第一次試案では、後続車が側方間隔を十分にとっていれば事故は生じない可能性が高いこと、先行車は並走状態になるまで後続車を認識できないことから、事故原因は、後続車にあり、基本過失割合は、先行車0：後続車100とするのが妥当としている。

ただし、先行車に事故回避可能性が肯定できる場合には、先行車に加算修正するとする。

裁判例では、東京地判平23年3月15日交民44巻2号363頁に、先行車55：後続車45としたものがある。

ウ　進路変更車と後続直進車との事故

別冊判タNo38【153】図類似の事故類型を想定している。

第一次試案では、自転車にはバックミラーがなく、先行車は後方認識可能性が低い一方、後続車は、先行車の動向を注視していれば、事故回避が容易であることから、後続車の過失を相当程度加重してもよいが、事故は先行車の進路変更に起因していることからすれば、先行車の過失が後続車より重く、結局、基本過失割合は、先行車60：後続車40とするのが妥当としている。

裁判例では、大阪地判令元年11月20日自保2064号33頁に、先行車50：後続車50としたもの、大阪地判平31年3月22日自保2049号151

頁に、先行車 40：後続車 60 としたもの、東京地判平 29 年 3 月 7 日（WLJ 2017WLJPCA03078009）に、先行車 60：後続車 40 としたものがある。

エ　右（左）折車と後続直進車との事故

別冊判タ No38【137】図類似の事故類型を想定している。

第一次試案では、【137】図は、先行車についての、あらかじめ中央ないし左側端によって右左折すべき義務や、後続車についての、追越しの際の道交法上の義務などを前提としているが、自転車同士の事故については、これらの規制が当てはまらない場合が少なくないから、過失相殺基準につき、【137】図は、あまり参考にできないとする。

また、右左折車事故を進路変更事故と比較した場合、場所が交差点であることから、後続車は、先行車が右左折のため進路変更することを予測可能である。そこで、後続車の過失をより大きく考えるべきであるが、先行車もハンドルを大きく転把して方向を転換しようとする以上、後続車の有無、動静に注意を払うべきであるから、基本過失割合は、先行車 65：後続車 35 とするのが妥当としている。

オ　私見と実際の交渉方法

同一方向に進行する自転車同士の事故では、第一次試案が指摘するとおり、合図義務が順守されておらず、バックミラーがないことから、進路変更自体を認定するのが難しいため、別冊判タ No38 をそのまま参照するのは、不合理である。

また、第一次試案では、ア及びイの事案において、先行車 0：後行車 100 とするが、走行中の事故であることからすれば、実際の裁判や交渉において、先行車の過失が 0 と認定される事案は少ないと考えられる。

例えば、アの事案では、後行車は先行車の視野に入っているし、後行車の進路変更が緩やかであれば、先行車に予見可能性が認められるとされる可能性がある。

また、イの事案でも、両車両の並走時間が長い場合や、後行車が先行車よりやや前方に出たタイミングで接触した場合であれば、後行車が先行車の視野に入ることにより、先行車に予見可能性が認められるとされる可能性がある。

したがって、先行車であるからといって、頑なに無過失主張を貫くこ

とは、得策ではない場合が多いであろう。

交渉の場面では、先行車の過失が小さいことを前提としつつ、個別具体的な事情に鑑み、過失割合を調整していく場合が多いように思われる。

ただし、横浜地判平 29 年 3 月 29 日自保 2002 号 139 頁のように先行車 0：後続車 100 とした裁判例もあることから、先行車の無過失が認定できるような事案において強気で無過失主張を行う場面では、同裁判例及び第一次試案の考察が参考となろう。

❸ 過失割合の修正要素

1　児童及び幼児・高齢者

通常人よりも事故の安全を確保する能力が低い者について、社会的にこれを保護すべきという観点から修正がなされる。

高齢を考慮した裁判例として、名古屋地判平 29 年 11 月 1 日自保 2013 号 134 頁がある。

2　高速度走行

事故の危険が高くなるため、修正要素となる。

高速度走行を考慮した裁判例として、大阪地判平 30 年 11 月 16 日自保 2038 号 138 頁がある。

3　夜間無灯火

夜間無灯火自転車を認識するのは困難となるから、街灯の有無等も考慮し、夜間無灯火走行と当該事故との間に相当因果関係があると評価できる場合には、修正要素となる。

夜間無灯火走行を考慮した裁判例として、大阪地判平 28 年 9 月 16 日自保 1987 号 102 頁がある。

4　著しい過失と重過失

ア　片手運転

的確な運転を妨げるため、著しい過失と評価されうる。

片手運転（傘さし運転）を考慮した裁判例として、大阪地判平 29 年 6 月 20 日（WLJ 2017WLJPCA06208001）がある。

イ　携帯電話の通話・携帯メール等、携帯電子通信機器の操作

　両手でのハンドル操作を長時間不可能にし、周囲に対する注意を欠く状態となるから、重過失と評価されうる。

　スマートフォンを操作しながらの走行を考慮した裁判例として、大阪地判平 30 年 3 月 22 日交民 51 巻 2 号 356 頁がある。

ウ　イヤホン・ヘッドホンをつけながらの運転

　運転者が周囲の交通状況を把握するうえで音は重要であるから、音を遮断するイヤホン・ヘッドホンをつけながらの運転は、著しい過失と評価されうる。

　大阪地判平 31 年 3 月 22 日自保 2049 号 151 頁では、被告がイヤホンを右耳のみに装着していたが、原告が警音器の音を十分にならしていれば、被告は原告車の存在を確認できたことを理由に、修正要素としなかった。

エ　二人乗り、大きな荷物や車体から大きくはみ出る荷物等の積載

　いずれも自転車の走行を不安定にさせ、事故発生の危険性を増大させるから、著しい過失と評価されうる。

　二人乗りを考慮した裁判例として、大阪地判平 28 年 9 月 16 日自保 1987 号 102 頁がある。

オ　制動装置不良

　制動装置の性能不足については、停止という事故回避の重要性に鑑み、その程度により著しい過失と評価されうる。

　制動装置不備の場合は、重過失と評価されうる。

3 高額な車両など、自転車損害には特殊性がある

❶ 車両時価

　事故車両が一般的なシティサイクルの場合には、新品価格でも3万円程度に過ぎないことが多いから、新品価格から多少減額した金額を落としどころとして示談することが多く、また、そうせざるを得ない。

　したがって、以下では、ロードバイク等ある程度高額な車両について論ずることとする。

1　自転車時価の算定方法

　自転車時価の算定方法として、市場価格から算定する方法、減価償却による方法が考えられる。

　市場価格から算定する方法は、自動車事故においてよく採用される方法であるが、レアなロードバイクなどには市場価格が形成されていないため、採用しにくくなる。

　したがって、このような場合には、減価償却による方法が採用されざるを得ない。

2　減価償却による算定方法

　減価償却とは、固定資産の購入費用を使用可能期間にわたって、分割計上する会計処理をいう。

　自転車の耐用年数は、2年とされている（減価償却資産の耐用年数等に関する省令別表第一）ことからすれば、相手方から、購入1年後の自転車では残存価値50％、購入2年後の自転車では残存価値0％などと主張される可能性がある。

3　耐用年数を5年とした裁判例

京都地判平27年7月29日自保1957号151頁では、「原告自転車がスポーツバイクであり、負荷のかかる使用が予定されている一方、用途に応じた耐久性を備えていることに鑑みれば、耐用年数を5年とみて減価償却した42万4080円（58万9000円－（58万9000円×0.14×2年））とみるのが相当である」と判示している。

同裁判例では、減価率を0.14としていることからすれば、減価償却後の残存価値を30%[12]としていることになる。

交渉としては、同裁判例にのっとり、減価償却後の残存価値を30%、耐用年数を5年とすることを前提として算定した現在時価を主張する方法があろう。

❷ カーボンフレーム自転車の損傷

1　カーボンフレームの特性

自転車のフレーム素材としては、主に、クロームモリブデン、アルミニウム、チタン、そして、カーボンファイバー[13]（以下、単に「カーボン」という）が、使用されている。

カーボンを他のメタル素材と比べると、軽量性が圧倒的に優位[14]であり、剛性・強度も優位[15]となるため、レーシングバイクの素材として採用されることが多く、また、高額（フレームだけでも数十万円程度）である。

一方で、カーボンには、以下のデメリットがある。

・想定外の方向からの衝撃に弱い
・メタル素材では、衝撃を受ける場合、折れや凹みとなることが多い

---

[12] $1 - 0.14 \times 5 = 0.3$ （=30%）
[13] 自転車パーツの場合、正確には、母材のプラスチックと強化繊維のカーボンファイバーとの複合材料である炭素繊維強化プラスチック（Carbon Fiber Reinforced Plastics（CFRP））である。
[14] 比重はスチールの1／4
[15] 製造方法によって異なるが、重量あたりの強度（比強度）はスチールの10倍以上、重量あたりの弾性率（比弾性率）はスチールの7倍以上

が、カーボンでは、一時に破断することが多い

・破断すると、破断箇所が鋭利となるため、人体との接触により怪我につながりやすい

・内部損傷の場合、外観から判断することができない

　カーボンフレーム自転車の事故においては、このようなデメリットが、交渉を難航させる要因となることがある。

2　カーボンフレーム自転車損害の交渉

ア　損傷検査の費用

（ア）損傷検査の内容

　自転車事故に遭遇してしまうことは不慮の事態であるから、自転車が、想定外の方向から衝撃を受けている可能性は十分に考えられ、かつ、内部に損傷を受けている可能性もある。

　したがって、外観上損傷がないように見えても、検査を受けたいと考える当事者は多い。

　検査方法には、目視（内視鏡により検知）、打音（フレームを叩いた反響音により検知）による検査もあるが、最も精密な検査ができるとされているのが、超音波による検査である。

　料金は、1か所（10 × 10センチメートル以内）3千円程度であるが、自転車事故の場合、損傷箇所にあたりをつけられない場合が多いであろうから、フレームやフォーク、ハンドルステム、シートピラー等一式を検査するとなると、10万円を超えることも想定される。

（イ）損傷検査の費用

　一般のシティサイクルの損傷であれば全損時価でも3万円程度であることが多いが、カーボンフレーム自転車の場合、上記（ア）のとおり、検査費用だけで数万円以上となってしまうため、検査の結果、異常なしとされた場合に、検査費用と当該事故との因果関係が争点化することは珍しくない。

　交渉としては、カーボンフレームの特性について証明または疎明し、かつ、当該事故がなければ検査はしなかったであろうことを主張し、検

査費用と本件事故との因果関係が認められる旨を論ずるべきであろう。

　また、人身事故であれば、医療機関で初診を受け、大事なしと判断されても、初診の診断料は、事故と因果関係のある損害と評価されるのが一般的であるから、人身事故の場合との均衡を主張する方法もあろう。

　ただし、事故の強度からすると内部損傷が生じる可能性が低い場合や、不必要な検査項目が挙げられている場合等もあるから、これらの点には注意を払うべきである。

イ　車両損害

（ア）修理費用

　当該損傷状況にもよるが、5万円以上となる場合が多いであろう（ただし、破断に至っている場合、そもそも修理を断られることも多い）。

　したがって、修理費用が車両時価額よりも高額であれば、経済的全損となり、当該車両損害額は、全損時価額となる。

（イ）裁判例

　京都地判平27年7月29日自保1957号151頁は、①当該事故による衝撃は小さくないものと窺われること、②カーボンフレームは外観から破損の兆候を確認しづらい特性を有していること、③販売店がフレームの交換を必要と判断していること、④簡易な修理でスポーツバイクとしての原告自転車の使途に耐えるには疑問があることに鑑み、カーボンフレームの修理費用が66万588円となることを認定した。

　また、東京地判平23年12月5日自保1867号69頁は、①原告自転車のカーボンフレームには、外見上異常はないが、被告バス及びA車と原告自転車の衝突により衝撃が加わったこと、②転倒、衝突等により衝撃が加わったカーボンフレームは、異常の識別が困難であることから使用を控えるべきとされていることを認めたものの、③原告自転車のカーボンフレームに加わった衝撃の大きさが明らかでないことから、フレーム代金について、新品価格の3割の損害を認めた。

（ウ）裁判例の分析

　上記裁判例によれば、カーボンフレームは外観上からは損傷が明らかでない場合があることが認められているものの、事故の大きさ、自転車販売店（専門家）の判断から、内部損傷の蓋然性を判断している。

したがって、検査を経なくとも、事故が大きい場合には、専門家の意見を証拠化して、内部損傷を主張する方法が考えられよう。

　また、カーボンフレームが外観から破損の兆候を確認しづらい特性を有している事実について、裁判上あえて認定されていることからすれば、当該事実は当然の経験則ではなく、一定の資料を提出し、裁判所の認定を得ることが必要と考えられる。

4 携行品損害を請求する

❶ 携行品とは

携行品とは、事故車両に積載されていた荷物、事故当事者が身に着けていた衣服、時計、携帯電話等をいい、これらは物的損害として扱われる。

一方、「医師が身体の機能を補完するために必要と認めた義肢、歯科補てつ、義眼、眼鏡（コンタクトレンズを含む。）、補聴器、松葉杖等の用具の制作等に必要かつ妥当な実費」（自賠法16条の3、平成13年金融庁・国土交通省告示第1号「自動車損害賠償責任保険の保険金等及び自動車損害賠償責任共済の共済金等の支払基準」）は、人身損害として扱われる。

ただし、眼鏡等であっても、当該事故による怪我がない場合には、物的損害として扱われる。また、身体機能の補完としての性質よりも、高価であったり、装飾品としての性質のほうが強い場合等は、「必要かつ妥当な金額」とは評価されないため、物的損害として扱われることもあろう。

したがって、一般に、身体機能を補完するものであっても、人身損害と物的損害のいずれに分類されるかは相対的であり、物的損害として扱われる場合には、本節「携行品損害」の射程となる。

自転車保険等では、人身損害と物的損害のいずれに分類されるかによって、当該保険適用の是非が異なる場面は少ないと思われるが、契約内容によって適用の是非が異なる場合には、注意が必要である。

なお、本章の対象ではないが、自動車賠償責任保険（以下、「自賠責保険」という）は、人身損害に対してのみ適用されるから（自賠法1条参照）、自賠責保険が適用される場面では、当該物の破損が人身損害ま

たは物的損害のいずれに分類されるかは、重要ということになろう。

❷ 自転車事故では、携行品損害の確認を特に念入りに

　自転車やバイク等、単車事故においては、運転者は生身であることから、自動車事故に比し、携行品に損害が生じている可能性が高い。

　よって、損害項目を落とさないよう、依頼者には念入りに確認すべきである。

　また、問い方として、「携行品損害はないですか」と抽象的に問うよりも、「自転車に積んでいたものや、持っていたものが壊れていませんか。例えば、スマホや鞄、服等はどうですか」などと具体例を出して問うたほうがよいだろう。

❸ 携行品損害の請求

　損害の証明資料または疎明資料として、携行品の損傷写真に加え、携行品目、購入金額、数量、購入時期、領収書・保証書の有無、購入店・購入場所等の項目を判明しうる限り記載した「携行品損害明細書」を用意して、携行品損害賠償を請求すべきである。

　相手方（保険会社）としては、これらの資料を基に、当該事故との因果関係が認められる携行品を特定し、また、携行品の時価を算出し、携行品損害額を認定することになろう。そこで、当方としては、相手方が提示した認定額の妥当性を検討し、反論があれば交渉していくこととなる。

ミスゼロのための
チェックポイント

❶ 携行品損害の証拠を保全する

　自転車事故に限った話ではないものの、自転車対自転車や自転車対バイクの事故の場合、着衣や、携行していた携帯電話等、いわゆる携行品が損傷を被っていることも少なくない。

　この場合、早期に、損傷を被った携行品について、カメラ撮影をし、証拠保全を図るべきである。

　すなわち、携行品が損傷を負う場合、転倒等によって携行品が路面に落ちる等をして損傷を負い、他方で路面が携行品によって損傷を負うということは考えにくいことから、自動車対自動車のように、相対する車両の損傷状況から推測することはできない。よって、携行品が今回の事故によって損傷を負ったかどうかについては、損傷を負ったとする目的物の損傷をいつ確認したのかという点と、その損傷に合理性があるか、という点がポイントとなる。

　そのうち、その損傷に合理性があるかという点については、例えば「携帯電話が5つ、損傷を負った」というような話には、特段の事情がない限り、合理性が認められないということとなるし（一般人が、携帯電話を5つ、所持しているということは、通常、考えにくいことから）、また、「携帯電話が壊れたため、通話ができなくなった」という話については、その携帯電話によって警察に通報をした等の話があれば、合理性が認められないということになるが、逆に言えば、そのような点がなければ、それほど否認されることは考えにくい。

　他方、損傷を確認した時点がいつか、という点については、大きなポイントとなる。事故から、半年程度が経過したタイミングで、損傷を訴えたような場合には、その信用性が疑わしいこととなる。特に、過失割

合や損害論が争点となってきたタイミングで、追加の損害を主張してきたような場合、かつ、損傷を被ったと主張する物品が高額な物であったような場合には、一層疑わしいといえよう。

よって、携行品損害については、事故後、できるだけ早いタイミングで、当該物品を写真撮影し、その写真を早期にデジタル化し、撮影日を確定するべきである。また、デジタルデータは、ハードディスク等の損傷や不具合によって壊れる可能性も高いため、メールに添付するとか、別のメディアに保存するなどし、バックアップをするべきである。

❷ 訴訟提起を検討する

加害者が自転車の場合、通常の交通事故と異なり、加害者が賠償責任保険に加入していないこともある。

その場合、交渉してもなかなか解決に至らないということもある。

よって、一定の場合には、訴訟提起について検討をすべきである。

しかしながら、訴訟提起をすると、加害者側も引くに引けない状況となり（いわば、追い込んでしまうというイメージ）、何らの対応もしなくなることもある。そうすると、結局のところ、判決書を取得しても、現金を取得することができないという状況になることも少なくない。

そこで、訴訟提起については、最終的な経済的利益を取得することができるかにつき、十分な検討が必要である。なお、加害者側が、賠償責任に加入しているような場合には、支払いについては、何らの心配もない。そのため、実体法上のリスクのみを検討すれば足りる。

❸ 入金管理はしっかり行う

前述のとおり、訴訟提起には、一定のリスクが存する。そこで、示談にて解決する場合も少なくない。そして、示談にて解決する場合で、加害者側が保険に加入していないような場合には、加害者側が、分割払いを求めてくることも少なくない。

この場合、必ず、適宜、Excel などを活用し、しっかりとした入金管

理をすべきである。

　例えば、毎月末日払いの合意ができているような場合、翌月の１日を過ぎたタイミングで入金がないときには、必ず、加害者に、督促の連絡をするようにするべきである。これによって、加害者は、入金管理がしっかりなされていることを認識するため、支払いを怠る可能性が減るからである。

❹ 欠席判決が見込まれても訴状の記載は念入りに

　この場合、欠席判決であるからといって、訴状に記載する内容につき、何らの問題もなく、全額が認定されるとは限らないことに注意をするべきである。

　公示送達であればもちろん、いわゆる擬制自白がなされるような場面であったとしても、裁判所が、その専権に基づき、損害額につき、一部減額をすることもあるし、また、過失相殺をしてくることもある（筆者としては、弁論主義との関係で、このような判決には問題があると考えるが、実務上、このような対応がなされることも珍しくない）。

　よって、訴状に記載する内容については、相手方が欠席をすることが見込まれるとしても、十分に検討をするべきである。

❺ 別冊判タ No38 を正しく読む

　自転車事故の場合、加害者が自動車であれば、いわゆる別冊判タ No38 の「自転車と四輪車・単車との事故」の章を参考にして、過失割合が決められる。よって、このような事例の場合には、特別、注意をすべき点は存しない。

　しかしながら、自転車が加害者となるような事例（自転車対自転車の場合や、自転車が赤信号を無視して交差点に進入してきたことにより、青信号を通過していた単車が転倒して負傷をするような場合）については、「自転車と四輪車・単車との事故」の章により、判断をするものではないことに注意をするべきである。

すなわち、そもそも、別冊判タ No38 は、自動車対自動車以外の項目は、過失割合ではなく、過失相殺率を記載しているものであり、歩行者や自転車、単車が被害者となる場合、その歩行者や自転車、単車に発生した損害について、何割、相殺をするべきか、という点を記載したものに過ぎない。よって、それぞれの被害者に対する加害者側の過失割合を記載したものではない。この点、多くの保険会社の担当者はもちろん、一部の裁判官ですら、理解していないことがあるため、十分、注意が必要である。

　この点、別冊判タ No38 は、43 頁にその旨、記載しているが、担当者等がこの頁を通読していないため、理解していない可能性が高い。しかしながら、別冊判タ No38 は、この点については、その前身の別冊判タ No16 を、同 No16 は別冊判タ No15 を、同 No15 は同別冊判タ No1 を、同 No1 は同別冊判タ 1 号を踏襲しており、そこには明確に、歩行者や自転車が加害者となった場合には、同書記載の過失相殺率について適用がない旨、記載している。

❻ 依頼者から資料を取り付ける

1　依頼者からの資料に基づいて検討する

　まず、事件を受任する際には、依頼者から各種資料を取り付けることになるが、依頼者自身が何が必要で、何が不要であるか、という点を判断することは難しい。

　そこで、依頼者から資料を取り付ける場合には、まずは関係しそうであると思われるものについては、全て提出してもらうようにすべきである。実際に事案を進めていった際、必要な書類を取り付けた後、依頼者に事情を確認したら、依頼者が該当書類を所持していた、という話はよく見られることである。

　その上で、依頼者から取り付けた資料を基に、事案の概要の検討をすべきである。

2　写しを依頼者に送付する

　依頼者から資料を取り付けた場合、送付された書類そのものを記録に編綴する場合には、依頼者に写しを送付したほうがよい。依頼者としては、何を渡していて何を渡していないか、という点を把握していないことが多いし、この手の事案は、数か月で解決することは少ないため、渡した資料についての記憶がなくなることもよく見られる。さらには、依頼者が、自身が加入している保険会社に、資料を提出することもよく見られ、その際に都度、必要書類を返送するのは効率が悪い。

　よって、依頼者から資料を取り付けた場合、写しを返送したほうがベターである。

3　取り付けた資料を検討する

　依頼者から資料を取り付けた場合、その資料に記載されている内容につき、できるだけ早期に検討をし、メモ等でまとめておくべきである。毎回、記録を見返すのは効率が悪いし、今後の見通しを図るうえで、必須であるからである。

死亡事故の依頼

　ある日、友人Aから連絡があり「できるだけ早い日時で相談にのってほしい」とのことだった。いつもよりも沈んだ声で、どこか落ち着かない様子を感じた。

　予定表を確認し、直近の空いている日時で調整を行い、事務所にて面談を行うことになった。

　当日、Aだけではなく、もう一人男性Bが一緒に来所した。挨拶をすると、Aの兄ということであった。

―相談当日―

甲：初めまして。Aとは中学校の同級生です。急ぎで相談にのってほしいという連絡で。急だったにもかかわらず、日程を調整していただきありがとうございます。

B：こちらこそ、ありがとうございます。もうどうすればいいかわからなくて……。

甲：お電話の様子からも、深刻なお話ではないかと思ったのですが、お話を聞かせていただけますか。

B：はい。実は、昨日、父が交通事故に遭ったと連絡を受けました。それで、仕事を早退して急いで病院へ向かったのですが、父はそのまま息を引き取り……。突然のことだったので、私たちもどうすればいいかわからなくて。一度、弁護士に話を聞かないと、と思ったのですが、知り合いもいなくて。それでAに聞いたら、同級生が弁護士をやっていると。

甲：そうでしたか。私もAの家に遊びに行ったとき、何度かお会いしましたが、あのお父様が……。それは大変でしたね。

A：警察からは、相手の運転手が飲酒運転をしていて、ブレーキを踏ま

ずに横断歩道を渡っていた父に衝突した、と。

甲：横断歩道を渡っていたということは、お父さんが青信号で、相手は赤信号ということですか？

Ａ：警察の話だと。そうだったよね？

Ｂ：（コクンと頷く）

甲：なるほど。かなり事故態様が悪質な事故ですね。赤信号無視ならお父様に責任はないかと思います。

Ａ：責任がないのはわかるんだけど……わかるのですが、相手に請求できるのって、何があるのでしょうか。

甲：緊急搬送先の治療費、死亡による逸失利益、本人と家族の分を含めた慰謝料、かかった葬儀費用等が請求可能ですよ。

Ｂ：あの、すみません……逸失利益？　というのはどういうものなんでしょうか……？

甲：本来、67歳まで働けると仮定して、死亡しなければその後の就労可能期間で得られた収入金額をいいます。確か、今年、お父様は50歳だったと思うので、死亡しなければ17年間の収入が得られたはずです。ただ、丸々もらえるわけではなく、生活費を除き、中間利息を控除した金額になります。

Ｂ：その働けたはずの期間の逸失利益のほかにも、何かもらえるのでしょうか。

甲：65歳になると年金がもらえるようになります。年金も、人がある程度生きられる期間、平均余命で計算をして、その期間の中間利息と生活費を控除した金額がもらえます。

Ｂ：なるほど……。

甲：ただ、年金は金額が少ないので、生活費として控除される割合も大きくなります。例えば、50％とか。

Ａ：その逸失利益が二つ？　請求できるってこと？

甲：そうなります。働くことができる期間は収入金額を基にした逸失利益、67歳以降は、年金金額を基にした逸失利益が請求可能です。

Ｂ：そういえば、父親に年金金額の改定の案内が届いていたような……。

甲：相手に請求するために必要になるので、破棄せずに私に送っていただけますか。

B：わかりました。

A：父親の、あとは収入か……源泉徴収票？　たしか箪笥にしまっていた気がするから、それも探して送ります。

甲：お願いします。あと、お父様はもともとご病気をお持ちだったりしますか。

B：いたって健康で、いつも元気に散歩とかしていましたよ。

甲：ありがとうございます。もともとご病気をお持ちの場合には、その病気が原因にもなっているとして、損害が減らされる可能性があるので、その点を確認するための質問でした。

B：ありがとうございます。お話できて、気持ちがすっきりしてきました。

A：刑事裁判にもなっているけど、刑事罰だけじゃ腹の虫がおさまらない。しっかり払うべきものは払ってもらわないと。

甲：刑事裁判にも参加できる被害者参加制度もあります。そこはさておき……、きっちり損害賠償請求をしていきましょう。

　　ちなみに、他にご家族や兄弟姉妹はいらっしゃいますか。

B：母はすでに他界していて、兄弟は私たちだけです。

　以上のほか、経緯、損害関係を確認し、こうして、甲はA・B兄弟の事件を受任することになった。

1 交通事故で死亡した 被害者の家族への対応

❶ いきなり損害賠償の話から入らない

　最近、ニュースでも交通事故の死亡事故が取り上げられている。怪我や後遺障害で苦しむ方も多いが、死亡事故の場合には突然の不慮の事故によって家族の命を奪われてしまう。

　残された遺族の悲しみや加害者への怒りは相当なものであるため、法律相談を受ける際には、こういった遺族への配慮も必要になる。

　例えば、いきなり損害賠償の金額の話をするのではなく、被害者の人柄や経歴、どのような方だったのかに耳を傾け、少しでも遺族の感情を和らげるような対応が必要と思われる。

❷ 面談の準備

　死亡事案を受任する場合に注意しなければならないのは、相談者の相続人が誰かを把握することである。相談者たちが「自分たちで相続人は全員である」と言っていても、再婚前の子供等がいる場合には、その子も相続人となる。

　そのため、被害者の生まれてから死亡するまでの戸籍を全て取り付け、本当に他に相続人がいないのかを確認しなければならない。

　また、相続人のうち誰か一人が窓口になっているからといって、その方だけと話すのではなく、相続人全員と話をし、全員が今後の進め方、交渉・訴訟の方針、示談・和解内容に納得していることをしっかりと確認したうえで、話を進めていく必要がある。

　仮に相続人間で相続分等に争いが生じる場合には、依頼者間での利益相反が生じるため、細心の注意を払う必要がある。

この場合、弁護士は、事案を受任するにあたって、依頼者全員に対し、辞任の可能性やその他不利益を及ぼすおそれがあることを説明しなければならない（弁護士職務基本規程第 32 条参照）。

　上記を説明したうえでも依頼者間に争いが生じた場合、依頼者それぞれに対して速やかに事情を告げて辞任その他事案に応じた適切な措置をとらなければならない。

　このように、交通事故以外の点でも、注意が必要であるため、死亡事案を受任する場合には、職務規程も念頭に置いたうえで細心の注意を払う必要がある。

2 収集すべき資料

❶ 面談時に準備してもらう資料

　面談時または事案を進めていく中で集める資料としては、次のような資料がある。これらの書類のうち事故証明書や診断書関係は、相手方保険会社から取り付けることも可能である。

　①交通事故証明書
　②診断書、診療報酬明細書
　③死亡診断書または死体検案書
　④最新の年金通知ハガキ・被保険者記録照会回答票
　⑤葬儀費用の領収書
　⑥源泉徴収票
　⑦被害者の生まれてから死亡するまでの戸籍一式
　⑧（入院した場合）入院中の雑貨購入のレシート
　⑨（通院看護した場合）駐車場のレシート
　⑩（タクシーを利用した場合）タクシーの領収書

❷ 資料収集の方法

　上記の資料の収集方法について、簡単に説明する。

　①交通事故証明書：自動車安全運転センターまたは相手方保険会社
　②診断書、診療報酬明細書：病院または相手方保険会社
　③死亡診断書または死体検案書：病院
　④最新の年金通知ハガキ・被保険者年金記録回答票：年金事務所

⑤葬儀費用の領収書：葬儀社

⑥源泉徴収票：被害者の勤務先

⑦戸籍一式：職務上請求または相続人が役所で取得

⑧入院中の雑貨購入のレシート：購入した際に保管

⑨駐車場のレシート：病院の駐車場代金のレシートを保管

⑩タクシーの領収書：タクシー会社が発行したものを保管

　上記の資料を集める必要があるが、いくつかの資料について収集方法を補足して説明する。

1　死亡診断書または死体検案書

　死亡診断書や死体検案書については、入院先や緊急搬送先の病院で作成されるため、そこで作成を依頼し、入手することが可能である。

　ただし、原本は役所へ提出しなければならないため、写しを作成し、原本と相違ないことの押印・記載をしてもらう必要がある。

2　年金通知書

　年に一度、6月に日本年金機構から送付される年金振込通知書を保管しておく必要がある。

　紛失した場合には、年金事務所の窓口へ赴くか、ねんきんネットからオンラインで年金額改定通知書や振込通知書等の再交付の申請が可能である。

3　葬儀費用の領収書

　葬儀を行った際の費用は、原則、上限を150万円として請求が可能であるため、葬儀にかかった費用の請求書、領収書等は手元で保管しておく必要がある。

4　戸籍一式

　戸籍については、相続人が役所へ行って取得してくるという方法もあるが、弁護士の職務上請求によって、取得することが可能である。

戸籍は、相続案件と同様に相続人を特定する必要があることから、被相続人の出生から死亡までの戸籍謄本・改製原戸籍・除籍謄本（死亡がわかるもの）と、相続人（依頼者）の出生から現在までの戸籍謄本・改製原戸籍・除籍謄本（本籍を移動している場合）が必要となる。

　依頼者が役所へ行く手間が省けるため、依頼を受けた弁護士側で職務上請求によって取得するのがよいと思われる。そのほうが、戸籍の不足を含めて確認することができ、自ら不足しているものを取り寄せることができるため、時間の短縮にもなる。

3 請求項目を漏らさない

❶ 死亡事案で請求可能な項目

死亡事案の場合には、以下の項目の請求をすることが可能である。

- ・治療費
- ・葬祭費用
- ・通院交通費（事故後死亡前に通院している場合）
- ・入院雑費（事故後死亡前に入院している場合）
- ・入通院付添費（事故後死亡前に入通院している場合）
- ・入通院慰謝料（事故後死亡前に入通院している場合）
- ・休業損害（事故後死亡前に休業していた場合）
- ・死亡慰謝料
- ・死亡逸失利益（実稼働分、年金）
- ・その他（装具・器具購入費等）

❷ 請求項目についての注意点

治療費や通院交通費、入院雑費や入通院付添費、入通院慰謝料については、怪我の部分の説明と重複するため（95頁）、割愛し、死亡事案特有の請求項目について説明する。

1 葬祭費用

交通事故で被害者が死亡した場合、葬儀費用のほか、墓碑建設や仏壇購入費用等も損害として認められている（最判昭44年2月28日民集23巻2号525頁）。

もっとも、法要・仏壇購入のほか、位牌購入、墓地購入、墓石建設等、全ての費用が損害に含まれるとなると、加害者の負担が大きくなってしまう。

　そこで、交通事故による葬祭費用の損害の範囲は、150万円前後とされている。

2　死亡慰謝料

　死亡慰謝料については、近親者の慰謝料を含めて、以下のような金額相場となっている。

　ア．死亡者が一家の支柱の場合　：2800万円
　イ．死亡者が母親・配偶者の場合：2500万円
　ウ．その他　　　　　　　　　　：2000 ～ 2500万円

　上記金額を基準として、事故態様（飲酒運転、ひき逃げ等）や加害者の態度（刑事裁判での否認、不誠実な態度等）等を考慮して、増減がされることとなる。

4 死亡逸失利益を請求する

❶ 死亡逸失利益の請求

死亡逸失利益は、死亡した被害者が生存していれば得られたであろう実働利益の逸失利益、保険料を拠出した国民年金等の年金逸失利益のほか、一定の場合には、例外的に、扶養利益の喪失損害を請求することが可能である。

❷ 実働利益の逸失利益

実働利益の逸失利益については、次の計算式で算定される。

> 基礎収入×（1−生活費控除率）×就労可能年数に対応するライプニッツ係数

1　基礎収入

基礎収入は、原則として事故前の現実収入（源泉徴収票、確定申告書等）とし、現実収入以上の収入を得られると認められる場合には、その金額を算定基礎とする。給与額には、本給のほか、歩合給、各種手当、賞与を含む。将来賃金センサスの平均賃金程度の収入を得られると認められる場合には、賃金センサス平均賃金額を基礎とする。

また、家事従事者や学生等の収入がない場合には、賃金センサスの平均賃金から算定する。

2　就労可能年数

就労可能年数は、原則として満67歳となるまでの期間とされている。

ただし、高齢者の場合には平均余命の2分の1とされている。

　例えば、事故時に女性55歳の場合には12年間のライプニッツ係数（9.9540）、80歳の場合には平均余命が12.28歳のため、6年のライプニッツ係数（5.4172）で計算をすることとなる[16]。

3　生活費控除率

　得られた収入のうち、何割かは被害者の生活費として消費されることとなる。そのため、被害者の家庭内の地位に応じて、生活費控除率は、30％から50％の範囲内で控除される。

❸ 年金逸失利益

1　逸失利益として認められる年金と認められない年金

　国民年金・厚生年金等の老齢年金、障害年金等、被害者が保険料を拠出しており、家族のための生活保障の一面を持つものについて、事故後に支払いを受けられなくなったことによる損害が認められる。

　他方、遺族年金や障害者扶養共済制度などによる年金等、受給者の保険料の負担のない社会保障的性質のものは逸失利益には含まれない。

　このように、逸失利益として認められるものと認められないものがあるが、次頁の表のように裁判例上は分類されている。

　年金の種類によっては逸失利益が認められないものもあるため、請求をする際には注意が必要である。

---

[16] 令和2年4月1日以降に発生した事故の場合の数字例。同年3月以前は異なる。

■逸失利益として認められるものと認められないもの

逸失利益を認めたもの	逸失利益が認められないもの
国民年金（老齢年金）	障害年金の加給分
国民年金の振替加算額	遺族厚生年金
老齢厚生年金	市議会議員共済会の遺族年金
農業者年金	軍人恩給の扶助料
地方・国家公務員の退職年金給付	戦傷病者遺族等援護法に基づく遺族年金
港湾労働者年金	国民年金法に基づく老齢福祉年金
恩給	都道府県及び政令指定都市が条例に基づいて実施する心身障害者扶養共済制度による年金
国民年金法に基づく障害基礎年金のうち子の加給分を除いた本人分	
厚生年金保険法に基づく障害厚生年金のうち妻の加給分を除いた本人分	
労働者災害補償法に基づく障害補償年金及び障害特別年金	
私学共済年金（退職年金）	

2　期間

　年金の逸失利益を計算する際は、平均余命分の年数で請求することとなる。例えば、死亡時の年齢が80歳の場合には平均余命が12.28歳となっているため、12年のライプニッツ係数（9.9540）で計算することとなる。

3　生活費控除率

　年金の生活費控除率については、稼働収入と同程度のものもあるが、年金のみが収入となっている場合には、年金の受給額が低いものが多く、ほとんどが生活費として消費されるため、控除率は高くなっている。裁判例上、40％から60％のものが多いが、高いものだと80％や90％の裁判例もある（大阪地判平7年5月25日交民28巻3号841頁等）。

4　実働利益と年金利益の双方を請求する場合の注意点

　交通事故での死亡時の年齢が高齢の場合には、生活費は年金のみのことが多いため、年金の逸失利益を請求すれば足りる。

他方、死亡時の年齢が就労可能年数である67歳よりも若い場合には、死亡しなければ得られたであろう実働利益分と、将来受給できたであろう年金受給分が併存することとなる。

　その場合には、裁判例上は、立場が分かれている。

①実働利益を平均余命の半分で計算し、加えて年金の逸失利益を平均余命まで認定するもの

②実働利益を就労可能年数までとしたうえで、以降を年金の逸失利益として平均余命まで認定するもの

　①の場合には、実働利益と年金受給期間が重複することとなるが、重複するのが相当ではないという主張を排斥した裁判例も存在する（名古屋地判令元年11月1日交民52巻6号1327頁）。

　他方、②のように、実働利益は67歳までとし、67歳以降は年金逸失利益で計算すると、すみわけをして認定するものもある（老齢厚生年金についてすみわけて認定したものとして、神戸地判令2年11月12日交民53巻6号1434頁）。

　裁判例上は、このように判断が分かれることから、どちらを選択するかは悩ましい部分がある。

　しかし、私見としては、依頼者にとって受領金額が大きくなるため、①の方法による算定がよいのではないかと考える。

❹ 退職金差額の逸失利益

　定年まで勤務した際に得られる退職金と、交通事故によって死亡したため死亡時に支給された退職金額の差額が、逸失利益として認められる場合がある。

　ただし、定年時（仮に60歳とする）に支払われる退職金額は中間利息を控除した金額で算定することとなるため、死亡時に45歳であった場合には、15年のライプニッツ係数で計算をした数字から、死亡時に支給された金額との差額を計算する必要がある。その結果、死亡時に支給された金額を下回る場合には、差額の逸失利益は認められない。

　例えば、上掲の神戸地判令2年11月12日は、死亡時53歳であり、

死亡時に支払われた退職金は1036万6600円である。定年まで勤務した際の退職金は1260万2200円であるため、この金額に定年までの7年間のライプニッツ係数（0.7106）を掛けた金額は、895万5123円である。

この金額は、死亡時に支給された金額を下回ることから、逸失利益の損害は認められない。

つまり、退職金差額の逸失利益は、以下の計算で算定され、差額がマイナスとならない場合にのみ認められる。

> 定年まで勤務した際の退職金×定年までのライプニッツ係数−死亡時の退職金

❺ 扶養利益の喪失損害

相続人以外の者が、交通事故で死亡した者の扶養を受けていた場合には、将来に向かって受けるはずであった扶養利益を喪失したことによる損害を請求することができる（最判平5年4月6日民集47巻6号4505頁）。

この場合、死亡した者の稼働収入の逸失利益算定の基礎収入のうち、現に利益を受けていた金額を認定する。

具体的には、以下の計算式で算定される。

> 現に利益を受け、扶養されていた金額×扶養を受けられた期間に対応するライプニッツ係数

❶ 自賠責保険会社へ被害者請求する際の必要書類

　被害者に過失が生じる場合、先に自賠責保険会社に被害者請求を行い、損害額の一部を回収するという方法も選択肢の一つとしてありうる。

　自賠責保険会社への被害者請求をする際には、149頁で述べた診断書等の必要書類のほか、下記の書類が必要となる。

・支払請求書兼支払指図書
・自賠責保険会社所定の委任状
・相続人本人の印鑑登録証明書
・依頼を受けた弁護士の印鑑登録証明書
・事故発生状況報告書

❷ 各書類を収集するにあたっての注意点

　支払請求書兼支払指図書や自賠責保険会社所定の委任状については、交通事故証明書に記載されている保険会社の自賠責を取り扱う部署に連絡をして依頼をすれば、必要書類一式を送付してもらえる。

　支払請求書兼支払指図書に弁護士が署名捺印をする場合には、弁護士の印鑑登録証明書が必要となる。また、委任状に署名捺印が必要となるが、委任状への押印は、依頼者の印鑑登録証明がされている印鑑での押印でなければならず、同一性確認のため、本人の印鑑登録証明書の添付も必要となる。

　また、事故発生状況報告書については、事故当時の状況を記載する必要があるものの、被害者本人は死亡しているため、事故状況がわからな

いことが多い。

　その際は、弁護士会照会または刑事記録の閲覧謄写の手続により、刑事記録や実況見分調書等を取り付けることで、事故発生状況報告書に代えることができる。

6 素因減額に注意する

❶ 被害者が事故前に別の障害をもっている場合の注意点

　これまで述べたとおり、死亡案件の場合には慰謝料や逸失利益等の請求が可能であるが、別の要因も死亡の原因となっている場合には、請求額が減額されるか、もしくは事故と死亡との因果関係自体が否定される可能性がある。

　例えば、癌のステージⅣの被害者が事故により急性硬膜下血腫、腰動脈損傷等を受傷し、21日後に死亡した裁判では、もともとの被害者の既往症が寄与しているとして、4割の素因減額がされている（大阪地判令元年9月4日交民52巻5号1087頁）。

　また、被害者が急性大動脈解離により死亡した事案について、事故以前から血管に動脈硬化が生じていたこと、被害者が急性大動脈解離の症状である胸痛を訴えたのは事故から約8時間後であることを考慮し、事故との相当因果関係を否定した事案もある（名古屋地判平27年6月24日交民48巻3号764頁）。

　このように、もともとの症状が原因となりうる場合には、減額やそもそも支払いがされない可能性があるため、注意が必要である。

❷ 減額となりうる目安

　いかなる場合、症状で減額がされるかについては、事故による負傷内容と既往症の内容にかかわってくるため、個別具体的な判断をせざるを得ない。

　そのため、交通事故被害者が死亡したという相談を受けた場合には、死因は何か、また、持病はなかったか等を確認することも必要となる。

❸ 自賠責保険会社へ被害者請求をする際の注意点

　自賠責保険会社へ被害者請求を行う場合、被害者に7割以上の過失が生じる場合には、重過失減額がされる。

　しかし、これだけではなく、因果関係が不明の場合も減額がされるため、注意が必要である。

　「自動車損害賠償責任保険の保険金等及び自動車損害賠償責任共済の共済金等の支払基準」（平成13年金融庁・国土交通省告示第1号）の第6の2には、受傷と死亡との間の因果関係の有無の判断が困難な場合の減額が以下のように定められている。

　被害者が既往症等を有していたため、死因又は後遺障害発生原因が明らかでない場合等受傷と死亡との間及び受傷と後遺障害との間の因果関係の有無の判断が困難な場合は、死亡による損害及び後遺障害による損害について、積算した損害額が保険金額に満たない場合には積算した損害額から、保険金額以上となる場合には保険金額から5割の減額を行う。

　このように、既往症があるために、事故と死亡との間の因果関係が不明の場合には、被害者請求をした場合でも5割の減額がされてしまう。

　そのため、被害者請求をする前に、相談者から既往症の話があった場合には、カルテを取り付ける等して、どのような症状であったかを確認し、減額の可能性がある場合には、その点を相談者、依頼者に説明する必要がある。

7 刑事裁判被害者参加制度の利用を検討する

❶ 刑事裁判被害者参加制度の利用

なお、民事の損害賠償請求訴訟に関係するものではないが、交通事故で死亡した被害者の遺族は、刑事裁判被害者参加制度を利用して、刑事裁判に出席することができる。

この制度は、平成20年12月に設立されたものであるが、交通事故被害者の配偶者、直系親族、兄弟姉妹が参加することができる。

手続としては、加害者が起訴された後、検察官に対して参加の申し出を行い、裁判所が許可することで、被害者参加人として裁判に参加することができる。

❷ 被害者参加人ができること

被害者参加人と認められると、公判期日に出席し、法定の柵の中に入って検察官側の席に座ることができる。

そのほか、検察官への意見を述べたり、証人への尋問や被告人への質問をしたり、事実関係や法律の適用について意見を陳述したりすることができる。

被害者の遺族が、加害者と顔を合わせたくない場合には利用するべきではないが、加害者へ直接質問し、刑事裁判で意見を主張したい場合には、この制度の利用を検討してもよいと思われる。

8 ミスゼロのための チェックポイント

　死亡の場合には怪我の場合とは異なる請求項目があり、特に逸失利益部分は複数の種類があるため、注意が必要である。

　そのほか、ミスを避けるためには、以下の点に注意が必要と考える（前の説明と重複する部分があるが、注意喚起もかねて再度載せる）。

❶ 契約者、記名被保険者、被保険者、依頼者を把握する

　死亡事案に限ったものではないが、特に死亡事案の場合、契約者と記名被保険者、被保険者、依頼者が、それぞれ別個になることは多い。よって、弁護士費用特約等を利用する場合には、これらの点について、明確に把握をしておくべきである。

❷ 相続関係図を作成する

　死亡事案の場合には、当然、被害者は死亡している。

　ところで、日弁連LAC等から事案の紹介がなされる場合や、保険会社や代理店から事案の紹介がなされる場合、それらの窓口となっている人が代表として連絡窓口になる。そのため、紹介を受けた弁護士は、その代表者のみが、依頼者であると認識することも少なくない。

　他方で、当然のことであるが、被害者が死亡したことに基づく損害は、相続の対象である。よって、当然、相続人全員を依頼者としない限り、死亡事故に基づく損害賠償全額を請求することはできない。

　よって、被害者の出生から死亡までの戸籍・原戸籍の全てを取り付け、相続人に漏れがないか、確認をするべきである。

❸ 利益相反に気をつける

　死亡事案の場合、被害者に発生した損害賠償請求権は、当然、相続の
対象である。よって、相続の範囲につき争いがある場合、相続人全員を
依頼者とするかどうかについては、将来の利益相反の問題もあることか
ら、十分に注意をするべきである（執筆者としては、相続の範囲につき
争いがあるような事案の場合、相続人全員を依頼者とすることは避けた
ほうがよいと考える）。

事故状況・過失割合を
争う事故の依頼

【事例】「過失割合でもめています」

　甲弁護士は、日ごろ懇意にしている保険代理店のXから「交通事故に遭ったお客さん（A）の話を聞いてあげてほしい」と連絡を受けた。Xの話によると、Aは、相手方保険会社から「今回の事故の場合にはAにも過失がある」と言われ、ひどく立腹しているそうである。

　幸いAに大きな怪我はなく、すぐに面談可能な状態にあった。そこで、甲弁護士は、Xを通じてその日中にAと連絡をとり、3日後に甲弁護士の事務所でAと面談を行うことにした。

―面談当日―

甲：初めまして。弁護士の甲と申します。本日は、よろしくお願いいたします。

A：こちらこそ、どうぞよろしくお願いいたします。甲先生のことは、Xさんからとても頼りになる先生だと聞いております。

甲：Xさんとは、もう5年の付き合いでして、いつもよくしていただいております。Xさんによろしくお伝えください。

A：わかりました。

甲：さて、Xさんからは、Aさんが10日ほど前に交通事故に遭われたと聞いております。事故後、相手保険会社の担当者から連絡があったのですよね？

A：はい、ありました。

甲：どのようなことを言われましたか？

A：はい、普通は「この度はご迷惑をおかけして申し訳ございませんでした」の一言ぐらいあると思います。しかし、そのような謝罪の言葉は一切なく、淡々と「怪我はしているか」「車はどこの工場にいつ入庫するのか」などについて聞いてきました。

一通り質問された後、その担当者から事故状況について質問されたので、ありのままを説明しました。そうしたところ、あろうことかその担当者は、「本件の場合だとＡさんにも３割過失がある」と言ったのです。あまりに頭にきたので「俺に過失があるわけないだろ」と言って、電話を切ってしまいました。

甲：どんな事故だったのですか？

Ａ：私が片側３車線道路の真ん中の車線をまっすぐ走行していたところ、私から見て右側の車線を走行していた相手車両が、私がいた車線に入ってきたのです。

　　相手の車は、私の車と並走していましたので、私としては、どうやっても衝突を避けることはできませんでした。また、相手の車は、ウインカーすらも出していなかったと思います。このような事故で私にも過失があると言われても到底納得いきませんし、しかも３割とは……。

甲：ドライブレコーダー映像はありますか？　もしあれば、見たいのですが。

Ａ：私の車は、ドライブレコーダーを搭載しておりません。相手の車に搭載してあったかについては、わかりません。

甲：そうですか、わかりました。事故当時、速度はどれぐらい出していましたか？

Ａ：えー、大体、60キロぐらいだったと思います。

甲：どれぐらいの距離、相手車と並走していたのですか？

Ａ：うーん、あんまりはっきりと覚えていませんが、大体150メートルぐらいだと思います。おそらく。

甲：そうですか。

Ａ：先生、今回の事故では、私にも過失があるのでしょうか？

甲：実は、典型的な事故に関しては、基本的過失割合が示されております。そして、基本的過失割合は、『別冊判例タイムズNo38　民事交通訴訟における過失相殺率の認定基準』という本に、掲載されております。

Ａ：そうなんですか。

甲：よろしければ、パラパラとめくってみてください。

（本を手渡す）

Ａ：ありがとうございます。たくさんの事故に関する割合が掲載されていますね。今回の事故についても、掲載されているのですか？

甲：似ているものはあります。こちらです。

（別冊判タ No38【153 図】を示す）

Ａ：あ、本当ですね。

甲：これによると、後続直進車の過失が３割とされ、進路変更車の過失が７割とされています。おそらく、相手の保険会社は、これをもとにＡさんの過失が３割あると主張しているのでしょう。

Ａ：なるほど、先生のご説明で、今回の事故と似ている事故について、基本的過失割合が定められていることはわかりました。それなら、仕方ないですかね……。

甲：しかし、Ａさんのお話によれば、【153 図】は、今回の事故とあくまで似ているだけであり、同じではありません。というのも、この本が前提としている後続直進車と進路変更車の事故は、両車に速度の差があることが前提となっていますが、Ａさんのお話からすると、両車に速度の差があったとはいえません。ですから、相手の保険会社が援用する基本的な過失割合を、そのまま本件事故に当てはめてよいとは思えません。

　　　また、基本的過失割合は、あくまで基本の過失割合であり、修正要素があります。先ほどＡさんがおっしゃった、相手の車がウインカーを出していないことも、修正要素の一つになり得ます。

Ａ：なるほど。

甲：ただし、今回の事故について、その事故状況が本当にＡさんの説明どおりなのかは、第三者にはわかりません。そのため、Ａさんの説明を裏付ける証拠が必要です。典型的であり、かつ非常に有力な証拠の一つが、ドライブレコーダー映像なのです。先ほど、Ａさんの車両にドライブレコーダーを搭載しておりますかとお尋ねしたのは、それが理由です。

Ａ：そうなんですね……。先ほど申し上げましたとおり、私の車にはド

ライブレコーダーが搭載されておりません……。それだと、あきらめ
るしかないでしょうか?

甲:ドライブレコーダー映像があればベストだったのですが、それ以外
　にも証拠になりうるものはあります。例えば、警察が作成する実況見
　分調書を含む刑事記録があります。人身事故の届出はされましたか?

A:はい、届け出ました。

甲:それであれば、実況見分調書等の刑事記録が作成されるでしょう。
　　ただし、刑事記録の作成には相当時間がかかり、それの開示請求を
　するのにも同様に相当な時間を要するため、必然的に解決までの時間
　が長くなります。

A:それでもかまいません。徹底的にやりたいです。

甲:また、作成された刑事記録の内容によっては、Aさんが主張する事
　故状況を立証できるとは限りません。そのため、仮に裁判までやった
　としても、Aさんが希望する条件で解決できるかはわかりません。要
　するに、たくさんの時間や手間をかけたとしても、それが無駄になる
　かもしれません。それでも、やってみますか?

A:はい、大丈夫です。このまま何もしないで終わるよりも、先生にお
　願いしてやれるだけやってみてほしいです。

甲:わかりました。Xさんによれば、Aさんは弁護士費用特約に加入さ
　れていますので、基本的には費用負担なしでご依頼いただけると思い
　ます。私としても、Aさんに費用負担がないのであれば、やるだけやっ
　てみるのがいいと思います。
　　一緒にがんばりましょう。

A:お願いいたします!

1 事故状況整理のポイント

交通事故に関する事案は、当事者双方に過失が発生することが非常に多い。そのため、交通事故について相談を受けた場合には、まずは事故状況をきちんと整理して、過失割合についてできるだけ正確な見通しを持つことが重要となる。

❶ 当方事故当事者からの聴取

過失割合についてできるだけ正確な見通しを持つためには、まずは依頼者など当方事故関係者から事故状況について詳細に聴取し、具体的なイメージを持つことが大切である。また、当方事故関係者からの聴取は、できるだけ早期に行うべきである。

ここでは、事故当事者から最低限聴取すべきと思われる具体的事項を挙げていく。

1 事故当事者の特定

大前提として、事故の相手方当事者の氏名や住所を聴取すべきである。

仮に、事故の相手方当事者の氏名や住所がわからない場合、事故の当事者が警察（交通捜査係）に事故発生を報告していれば、警察に事故の場所や日時を伝えると、回答してくれることが多い。

また、事故当事者の特定は、事故発生を立証するための基本的書証である交通事故証明書を取得する際にも、必要となる。

2 事故現場の特定

事故現場が、どのような場所であったかについても詳細に確認すべきである。例えば、事故現場が交差点であるとすれば、信号機は設置され

ていたか、一時停止の規制はあったか、交差道路の一方が優先道路ではなかったか等交通規制の有無についても確認すべきである。

3　事故態様

　事故態様は、過失割合を判断するために不可欠な事項であるから、具体的に頭の中でイメージできるぐらいに、詳細な聴き取りをすべきである。

❷ 相手方からの聴取

　相手方事故関係者から事情を聴取することも大切である。これをすることで、当方事故当事者が記憶・把握していない事情が明らかになることがある。

　また、事故態様に関する説明が、当方事故関係者の供述と一致しないことも多く、その場合には、その一致しない事項が争点ということになる。この場合には、当方事故関係者に記憶違い等事故状況に関する説明に間違いがないかを確認し、間違いがなければ、当方事故関係者が主張する事故状況を立証するための方法を検討することになる。

❸ リサーチ会社に依頼する

　事故状況を整理するにあたり、リサーチ会社に依頼することも有用である。交通事故を取り扱っているリサーチ会社が複数社存在するので、お気に入りのリサーチ会社を見つけておくといい。

　リサーチ会社は、事故状況を当方のみならず相手方運転者等交通事故関係者にヒアリングを行い、調査報告書というかたちで、内容を書面にしてくれる。また、ヒアリング内容を基に事故状況図を作成してくれる場合や、過失割合についての見解を示してくれる場合もあるので、大変有用である。

2 事故状況の立証方法

　事故関係者から正確かつ詳細に事故状況を聴取することができたとしても、事故状況を立証することができなければ、適当な過失割合に近づけることができない。

　ここでは、事故状況についての代表的な立証方法を紹介する。

❶ ドライブレコーダー映像

　冒頭の甲弁護士とＡとの会話でも登場したとおり、ドライブレコーダー映像は、昨今では映像の解像度が格段に上がったこともあり、非常に有力な主張立証方法となっている。

　裁判となった場合にも、裁判所が、両当事者にドライブレコーダー映像の有無を確認し、提出を促す場面が多くなっている。そのため、裁判となった場合には、自己に有利であるか不利であるかを問わず、ドライブレコーダー映像を提出することになると思ってよいだろう。

　また、ドライブレコーダー映像は、自動的に古い映像が消去され、新しい映像に上書きされてしまうことが非常に多い。そのため、事故が発生した場合には、ただちにドライブレコーダー映像を保存するための措置をとるべきである。

❷ 刑事記録（実況見分調書等）

　警察が作成する刑事記録（例えば、実況見分調書や供述調書）は、事故状況を立証するうえで、重要な証拠になりうる。特に、刑事記録のうちの実況見分調書は、事故関係者から事故状況を聴取した内容が記載されているほか、事故現場見取図や現場写真が添付されていることから、

事故状況を立証するために、大いに役立つ立証方法である。

　刑事記録は、人身事故の場合にのみ作成され、物損事故の場合には作成されないと考えてよい。そのため、ドライブレコーダー映像がない場合には、証拠保全の観点からすれば、怪我をしているのであれば人身事故の届出をしたほうがよい。

　刑事記録は、弁護士会照会や刑事確定訴訟記録法等に基づいて、取り付け可能である。詳細は、赤い本下巻（2023年版では、278頁以下）に記載されている。

❸ 物件事故報告書

　人身事故の届出がなされない場合（物件事故の場合）、警察は、何ら犯罪が成立しないことを理由に捜査をせず、単に物件事故報告書という資料を作成して事件を処理することがほとんどである。

　物件事故報告書は、事故現場に駆けつけた警察官が、事故状況の概略を事故関係者から聴取し、その内容に基づいて作成するものであり、のちに人身事故の届出がなされたときに（本格的な捜査に移行したときのために）備えて作成されるものである。

　物件事故報告書は、実況見分調書とは異なり、事故現場見取図や現場写真の添付はされない。また、物件事故報告書には、事故状況を記した図が記載されているが、それも大まかな状況を示すものに過ぎない。そのため、物件事故報告書は、刑事記録と比較するとその証明力は高くない。

　しかし、物件事故報告書は、警察が作成するものであるから、客観的な証拠としての価値は、一定程度あるといえる。そのため、ドライブレコーダー映像が存在しない物損事故の訴訟においては、基本的書証として提出が推奨されている（裁判所から提出を促されることもあるであろう）。

　物件事故報告書は、警察によりすでに作成済みであれば、弁護士会照会により入手できることがほとんどである。ただし、捜査機関の判断により、一部情報が非開示（黒塗り）にされることが多い。

❹ 防犯カメラ映像

　事故状況が、店舗や建物の防犯カメラに映し出されている場合がある。その場合には、防犯カメラ映像も重要な証拠となりうる。

　しかし、防犯カメラ映像は、事故状況以外に通行人などの第三者が映り込んでいることがほとんどである。このことを理由に、防犯カメラ映像を管理する企業や個人は、防犯カメラ映像を警察以外の第三者（弁護士も含む）に開示することに、強い抵抗感を示すことが多い。仮に、任意に防犯カメラ映像を開示してもらえない場合には、弁護士会照会をすることが考えられるが、結局、開示してもらえないこともある。

　また、「防犯カメラ映像をコピーして渡すことはできないが、店舗等に映像を見に来ることはよい」と言われるケースもある。この場合、依頼者と同伴して防犯カメラ映像を見に行き、依頼者が主張する事故状況と異なる映像であった場合には依頼者を説得する、というような活用方法が考えられる。

　さらに、防犯カメラ映像も、ドライブレコーダー映像と同じように、日々古い映像が新しい映像に上書きされていってしまう。そのため、防犯カメラ映像の存在が疑われる場合には、可能な限り速やかに映像の管理者にコンタクトをとるなどして、証拠保全に努めるべきである。

❺ 車両損害レポート

　事故の相手方が任意保険に加入している場合には、相手方が加入する損害保険会社に、自らの車両の損傷状態を確認させるべきであるし、相手方の車両についても、当方保険会社に、その損傷状態を確認させるよう求めるべきである。

　損傷状態を確認した保険会社は、事故の当事者が本件事故による損傷と主張する損傷部分が、本件事故によるものであるかを判断し、必要となる修理金額を認定する。その際に、損害保険会社は、車両損害レポートというかたちで、資料を作成することが多い。

　車両損害レポートには、単に当修理費の協定金額や見積金額が記載さ

れているだけでなく、損傷写真が添付されていることや、どのような角度で相手車両と衝突したか（入力方向）が記載されていることが多く、これらの情報から、事故状況を推認することができる場合もある。

　以上のように、車両損害レポートは、内容によっては事故状況を立証するための証拠となりうる。

❻ 信号サイクル表

　信号機が設置されている交差点での事故において、事故状況や過失割合が争いになる場合に、事故当時の信号の色が問題になることがある。

　この点、交通事故が人身事故扱いとなっており、実況見分調書が作成されていれば、周辺の防犯カメラ映像を捜査する等して信号の色についても明らかにされている可能性がある。しかし、事故が物件事故として扱われていると、警察によって信号の色まで捜査されている可能性は、著しく低いであろう（事故当事者間において、信号の色に争いがないような場合には、記載されることもあるかもしれない）。

　この点、信号の色が問題になる場合には、信号サイクル表を取得することが、立証に役立つ場合がある。信号サイクル表には、交差点にある信号機が、いかなるタイミングでその表示が変わっていったかについて記載されている。そのため、何らかの証拠により、事故の発生日時が正確に特定されている場合には、特に有力な証拠となりうる。

　信号サイクル表は、各都道府県の警察本部等に対して開示請求をするか、弁護士会照会を行うことで、取り付けが可能となる。

❼ 交通事故証明書

　交通事故証明書には、事故の発生日時、場所等に加えて、事故類型が記載されている。また、事故当事者は、甲と乙との2種類に区分けがされており、一般的には、過失が大きい当事者が甲欄に記載され、過失が小さい当事者が乙欄に記載されている傾向にある。そのため、交通事故証明書も、事故状況や当事者間の過失についての推認力が全くないとは

いえない。

　しかし、交通事故証明書には、「なお、この証明は損害の種別とその程度、事故の原因、過失の有無とその程度を明らかにするものではありません。」と記載されている。そのため、交通事故証明書は、あくまで当該書類に掲載された当事者間において交通事故が発生した事実を証明する書類であり、事故状況や過失割合を証明する書類ではないと認知されていると考えてよい。

　したがって、交通事故証明書単独では、事故状況や過失割合を立証することはできないと考えたほうがよいであろう。

❽ リサーチ会社作成の事故状況図

　リサーチ会社作成の事故状況図も、当事者の供述部分を除いた客観的事実に関する事項（例えば、道路幅や標識、道路標示の存在等）については、一定の証明力を有するものと考えられる。

3 別冊判タ No38 に掲載されている事故の過失割合

　ここでは、別冊判タ No38（交通事故案件を扱う弁護士にとっては、必携といえる書籍）に記載されている事故の過失割合について解説し、その上で事例のAの事故では甲弁護士はどのような対応をすればよいのか、検討する。

❶ 別冊判タ No38 の重要性

　甲弁護士がAに説明していたように、一般的な事故については、その類型ごとに基本的な過失割合が、別冊判タ No38 に示されている。

　別冊判タ No38 は、民事交通訴訟における過失相殺率の認定・判断基準を示したものであり、これまでおおよそ 10 年おきに改訂されてきた。今後も、道路交通法令の改正や社会情勢の変化等に鑑みて、改訂される可能性がある。

　別冊判タ No38 は、「歩行者と四輪車・単車との事故（第1章）」、「歩行者と自転車との事故（第2章）」、「四輪車同士の事故（第3章）」、「単車と四輪車との事故（第4章）」、「自転車と四輪車・単車との事故（第5章）」、「高速道路上の事故（第6章）」及び「駐車場内の事故（第7章）」といった章立てがなされている。そして、全部で 338 個にも及ぶ事故類型が掲載されており、それぞれの事故類型に対して基本的過失割合が示されている。

　別冊判タ No38 は、前述のとおり民事交通訴訟における過失相殺率等を示すものであるが、民事交通訴訟に至る前の示談交渉段階（保険会社同士での話し合いも含む）においても、広く参照されている。そのため、示談交渉においても、別冊判タ No38 における基本的過失割合を無視したかたちでの交渉は、難しいであろう。

❷ 修正要素に注意する

　しかし、基本的過失割合は、あくまで基本的なものであり、全ての事案にあてはめると、不都合が出てくる。例えば、一方の運転者が飲酒運転をしていたような場合でも、基本的過失割合どおりとされるのは、不当である。

　そこで、別冊判タ No38 は、基本的過失割合に加えて、様々な修正要素を定めている。ただし、修正要素の存在を裁判所に認めてもらいたい場合には、基本的には修正要素の存在を主張する側が立証責任を負うことになる。

　別冊判タ No38 における【153 図】を例にとってみる。【153 図】には、後続直進車の基本的過失割合を修正する要素として①ゼブラゾーン進行、② 15 キロメートル及び 30 キロメートル以上の速度違反、③その他の著しい過失、④重過失、⑤進路変更禁止場所、及び⑥初心者マーク等といった事情が定められている。そのため、進路変更車が、例えば④を基礎づけるとされている後続直進車の飲酒運転の事実を立証することができれば、後続直進車の過失が 20 加算される。

　次に、進路変更車の修正要素についてみると、①合図なし、②その他の著しい過失、及び③重過失といった修正要素が定められている。

　そこで、事例の A の事故についてみると、A は、「進路変更車としての相手車両がウインカーを出していなかった」と主張している。仮にそれが真実であるとすると、①合図なしの修正要素があることになり、後続直進車の過失が 20 減算され、過失割合は、10：90 になる。ただし、進路変更車が合図をしていないことを立証するのは、ドライブレコーダー映像が残っていない限りは、かなり難しいと思われる。

　以上のように、別冊判タ No38 には、様々な修正要素が定められているが、立証の問題があることに注意する必要がある。

4 別冊判タ No38 に 掲載されていない事故の過失割合

　これまでに述べたように、別冊判タ No38 には、非常に多くの事故類型について、基本的過失割合やその修正要素が定められている。

　しかし、現実の社会で起こる交通事故は、あまりにも多種多様であり、その全てを類型化して、基本的過失割合等をあらかじめ定めておくことは、理想ではあるものの不可能に近いと思われる。そのため、交通事故案件を数多く取り扱う場合には、どうしても基本的過失割合が定められていない事故に出くわすことになるだろう。

　別冊判タ No38 に掲載されていない事故については、過去の裁判例を参照しつつ、個別具体的な事情に基づき適当な過失割合を検討するほかないであろう。

　ここでは、別冊判タ No38 に掲載されていない事故について、比較的多いと思われる事故について述べる。

❶ 非接触事故

　交通事故は、車両同士や車両と歩行者が接触して発生することが、典型的であると考えられる。

　ところが、実際の交通事故の中には、車両同士や車両と歩行者が接触していなくとも、接触を回避するために転倒（特に、単車に多く見られる）することによって損害が発生するという態様のものもある。

　このような非接触事故に関しては、別冊判タ No38 には独立した事故類型として記載がされているわけではない。そのため、非接触事故については、接触していないという点が異なるものの、事故状況としては同一の事故類型における別冊判タ No38 の基本的過失割合を、そのまま当てはめてよいのかが問題となる。

この点、非接触事故は、当事者の一方または双方の事故回避措置が介在しているという点で、接触事故と異なっている。そのため、非接触事故の過失割合を検討するに際しては、事故の原因となった事故当事者の回避措置が適切であったかを検討すべきと考えられる。

　詳細は、赤い本2022年版下巻73頁以下を参照されたい。

❷ 自転車同士の事故

　自転車同士の事故については、別冊判タNo38にも基本的過失割合等は定められていない。しかし、昨今の自転車ブームの影響により、今後は自転車同士の接触事故がますます増加していくものと考えられる。そして、自転車同士の事故における基本的過失割合等については、策定に向け議論が行われているようである。

　自転車同士の事故の場合には、自転車と歩行者の事故とは異なり、当事者間に交通弱者と交通強者といった関係はないが、自転車ごとの性能・種類や速度により、その危険性が異なる。また、自転車は、自動車に比べて小さな子供やお年寄りも頻繁に運転するという特殊性がある。

　したがって、自転車同士の事故における過失割合は、個別の事故状況による注意義務履行の程度に加え、自転車の性能、種類、走行速度や弱者保護の観点からの修正も加味して検討されるべきであろう。

　なお、自転車同士の事故における基本的過失割合については、公益財団法人日弁連交通事故相談センター東京支部過失相殺研究部会において検討が重ねられており、すでに第一次試案が公表されている（122頁も参照）。

❸ 別冊判タNo38が定める前提に当てはまらない事故

　別冊判タNo38に類似した事故類型があったとしても、前提状況が異なっていれば、基本的過失割合等をそのまま適用することはできない。

　Aの事故を例にとってみると、その事故状況は、甲弁護士が指摘するとおり、確かに別冊判タNo38における【153図】に類似している。し

かし、【153 図】は、事故車両双方の速度に差があることを前提としているが、Ａの説明によれば、事故車両双方には速度差がなかった。そうだとすれば、【153 図】の基本的過失割合等は、Ａの事故については適用すべきでないかもしれない。

　以上のように、別冊判タ No38 が定める各事故類型は、必ず前提となる事故状況があるため、注意するべきである。

5 過失割合の交渉に際しての注意点

　過失割合の問題は、交通事故事案において、依頼者が特に感情的になりやすい問題である。しかし、過失割合について交渉で成果をあげることができれば、もしくは、成果がなくても依頼者に頑張りを見せることができれば、依頼者の満足度が非常に高まる。

　ここでは、依頼者の満足度の高低に非常に大きく関わる過失割合についての交渉における注意点について触れる。

❶ 別冊判タ No38 の内容を吟味する

　担当した事件の過失割合を検討する際には、別冊判タ No38 をしっかりと検討するべきである。

　例えば、すでに述べたように、別冊判タ No38 における各類型の基本的過失割合には、全てに必ず前提となっている事故状況がある。そのため、担当した事案が、各類型が想定する前提状況と一致しており、当該基本的過失割合を適用するべきであるかについて、しっかりと確認するべきである。

　また、修正要素についても、しっかりと修正要素ごとにその意味を確認し、ドライブレコーダー映像や刑事記録等を参照して修正要素の有無を確認するようにすべきである。

　別冊判タ No38【107 図】を例にとる。【107 図】は、信号機により交通整理の行われている交差点での、いわゆる右直事故（信号が青信号だった場合）における基本的過失割合を定めている。ここで、事故当時の信号の色が青信号であったことに争いがないような場合には、基本的過失割合をそのまま適用して解決してしまえばよいと考えてしまうかもしれない。

しかし、【107図】には、当該基本的過失割合に対する修正要素の一つとして、「早回り右折」が定められている。この点、【107図】における「早回り右折」とは、「交差点の中心の直近の内側（道路標識等により通行すべき部分が指定されているときは、その指定された部分）を通行しない右折をいう。この「早回り右折」の定義は、別冊判タNo38の205頁に掲載されている。そして、「早回り右折」の定義が上記のとおりであるとすれば、「早回り右折」があったかについては、ドライブレコーダー映像や刑事記録があれば、容易に確認や立証が可能である。

　以上では、【107図】における「早回り右折」を例にとったが、このほかにも数多くの修正要素が存在する。そこで、過失割合が発生するような事案においては、必ず各修正要素の意味を全て確認し、それに該当する事実がないかを、ドライブレコーダー映像や刑事記録等の証拠資料を収集して確認すべきである。そのためには、基本的過失割合や修正要素を記載している表の部分のみを参照するのではなく、序章、各章の序文の部分、及び各表の前の箇所の説明文を熟読するべきである。

　以上のように、基本的過失割合は、それが一見適用されるように思えても適用されない場合や、適用されるとしても修正される余地がある場合もある。そのため、安易に基本的過失割合を受け入れるのではなく、別冊判タNo38の記載事項を、注意深く確認すべきである。

❷ 依頼者に寄り添う姿勢を示す

　依頼者の中には、別冊判タNo38における基本的過失割合等をすんなりと受け入れることができずに、それと大きく異なる過失割合を主張する人もいる。

　このような依頼者に対しても、基本的過失割合の存在や、裁判所も過失割合を検討するに際しては別冊判タNo38を参照することを、できるだけ早期に伝える必要がある。なぜなら、受任後、期間が経過してからその事実を伝えると、依頼者の希望どおりにいかなかった場合（大抵そうなるであろう）に、そもそも弁護士に依頼する意味がなかったという感情を依頼者に抱かせてしまうからである。とはいえ、淡々と基本的過

失割合等の存在を依頼者に伝えるだけでは、依頼者は、その弁護士を自分の味方になってくれない弁護士だと思ってしまい、その結果、受任につながらない、または信頼関係が崩れてしまうなどの問題が生じる。

　そこで、過失割合について無理と思われる主張をしている依頼者に対しては、基本的過失割合に基づいた見通しを示しつつも、できるだけ依頼者の希望に添えるように努力する旨を伝え、受任後も依頼者に寄り添う姿勢を見せるべきである。

6 ミスゼロのための チェックポイント

❶ 刑事記録、もしくは物件事故報告書を取り付ける

　事故状況や過失割合が争点となっている場合で、ドライブレコーダー映像がないような場合には、まずは、刑事記録もしくは物件事故報告書の取り付けを検討するべきである。

　物件事故報告書については、前述のとおりである。

　他方、刑事記録については、弁護士法23条の2に基づく照会も可能だが、むしろ、急ぐ場合には検察庁に赴く等し、手続をしたほうが早い。

　ただし、刑事記録については、その交通事故が人身事故になっていること、及び、検察庁での処分が確定等していることが要件となる。

❷ 取り付ける前にリサーチを入れる

　刑事記録や物件事故報告書については、取り付けに時間を要する。

　そこで、まずは、依頼者から詳細な事故状況のヒアリングをしておくべきである（執筆者としては、いわゆるリサーチを入れておくべきであると考える）。

　なお、詳細な事故状況をヒアリングした場合には、できる限り、本人の署名捺印を取り付けておくべきである（リサーチの場合も同様である。リサーチ会社に依頼をする際に、「リサーチの内容をまとめた後に、依頼者から署名捺印を取り付けてほしい」と伝えるべきである。なお、大抵のリサーチ会社は、「いわゆる確認書も取り付けてほしい」と言えば、理解してくれる）。

　その理由としては、弁護士は、依頼者に有利な解決を模索するべきであるが、その前提として、正義に基づいた対応をするべきである。よっ

て、依頼者に嘘をつくように指示することが妥当でないことはもちろん、依頼者が嘘をついているような場合には、ある程度、説得をするべきである。

そうすると、先にリサーチを入れ、依頼者の主張する事故状況をヒアリングした後に、刑事記録を取得し、その刑事記録に記載された依頼者の実況見分調書の内容と、リサーチの内容が合致しているのであれば、大きな問題はないが、もし、これが異なっている場合には、その理由などについて、十分確認をし、場合によっては依頼者を説得するよう試みる必要がある。これによって、本来、あり得ない筋の主張をする必要がなくなる場合もあるし、無駄な紛争を予防することができるからである。

❸ 物損についても把握しておく

事故状況に相違があるような場合、ドライブレコーダー映像や刑事記録にて事故状況を把握することができれば、裁判所もそれによって事故状況を認定することが多い。

しかしながら、刑事記録を取得することができない場合や、仮に刑事記録を取得することができたとしても、被害者の実況見分調書と、加害者の実況見分調書が異なっているような場合には、刑事記録に記載されている内容がそのまま認定されるということにはならない。

そこで、裁判所が着目するのは、物損についての状況（特に、損傷程度や入力方向）である。

よって、事故状況に争いがあるような事案の場合には、物損についても内容を確認しておくべきである。

❹ 別冊判タ No38 を通読する

この点、別冊判タ No38 は、各事故状況に該当する基本的過失割合や修正要素を記載している表の部分がある。

よって、一部の保険会社の担当者は、この表の部分しか読んでいないことがある（一部の裁判官にも、この傾向が見られる）。

しかしながら、別冊判タ No38 は、表以外の部分に多くの情報をちりばめている。

例えば、別冊判タ No16 には、大型車修正が、修正要素として記載されていたが、別冊判タ No38 には、大型車修正について、修正要素として記載されていない。そこで、一部の保険会社の担当者は、大型車修正はなくなった、もしくは、存在しないと認識していることがある。しかしながら、別冊判タ No38・203 頁には、明確に、大型車修正が残っていることを記載している。

他にも、別冊判タ No38 は、序章や、各章の序文の部分、及び各表の前の箇所に、多くの説明が記載されている。よって、別冊判タ No38 については、通読をするべきである。

そして、この点を踏まえて、過失割合についての主張をするべきである。

❺ 損害額や依頼者が加入している保険を確認する

事故状況や過失割合が争点となっている場合、損害論についておざなりになっていることも少なくない。

しかしながら、実際に損害額を検討した場合、結局は自賠責保険への請求で事足りることもある。

また、過失割合について数割の修正要素の有無が問題となる場合には、結局のところ、対人・対物賠償保険を利用しなければならない場合も少なくない。そうした場合、自身が加入している車両保険等を利用しても、保険料の値上がりがなく、早期解決ができる場合もある（対人・対物賠償保険を利用した場合、一般的な保険は、それだけで等級が下がり、さらに、車両保険を利用しても、これ以上、等級が下がらない）。

よって、損害額と自身が加入している保険を確認することは、無駄な紛争を防止することができるため、必要な事項である。

❻ 人身傷害保険を先行し、回収しておく

　被害者が人身傷害保険に加入している場合で、過失割合が争点となっているときは、可能な限り、人身傷害保険を先行し、人身傷害保険会社から精神的損害も含め、回収をしておくべきである。

　これは、被害者が早期に必要な費用を取得することができる、というメリットもあるほか、訴訟基準差額説を踏まえた場合、過失割合について争点とする必要がないようなときもあるからである。詳細については次事例を参照されたい。

紛争解決手続に
関する依頼

【事例】 「交渉か裁判か、どちらがよいのでしょうか」

　甲弁護士は、知人の紹介で、XからYに対する損害賠償請求事件の委任を受けた。具体的な事案は次のとおりである。優先道路を直進走行していたXの四輪自動車が、非優先道路から交差点に直進進入してきたYの四輪自動車と衝突した事故である。Xは専業主婦であり、本件事故により頚椎捻挫等の傷害を負った。物的損害については、過失割合がX：Y＝10：90ですでに示談が完了しており、Yは本件事故による傷害は負っていなかったということである。

　その後、甲弁護士は、Yが加入する乙保険会社の担当者と交渉を継続し、Xは事故から6か月間整形外科に通院し、6か月を経過した段階で症状固定となり、後遺障害請求をしたところ、第14級9号の後遺障害等級認定を受けた。

　この等級認定についてXは異議がなかったが、甲弁護士が乙保険会社の担当者と交渉して最終的に提示された示談案は、過失割合をX：Y＝10：90としたうえで、治療費（支払済み）、通院交通費、休業損害（主婦休損）が計上されているほか、以下のような提示であった。

①逸失利益
基礎収入　　　　　　：賃金センサス第1巻第1表女性学歴計の平均賃金
労働能力喪失率　：5％
労働能力喪失期間：3年
②傷害慰謝料、後遺障害慰謝料
赤い本の基準の90％

　そこで、甲弁護士は、今後の方針について打合せをするため、Xに一度来所をしてもらうことにした。

―面談当日―

甲：ご来所いただきましてありがとうございます。メールでも連絡させていただきましたが、相手保険会社より、示談案の提示が出ております。今後どのように進めていくかについて、一度打合せをさせていただきたいため、ご来所いただいた次第となります。

X：いえいえ。メールで示談案はいただいたのですが、これがよい案なのかどうかわからなくて。実際この案は先生から見てどうなのですか。

甲：そうですね。今回の相手保険会社からの提示案のうち、金額の増額が見込まれる項目は、逸失利益と慰謝料の部分ですかね。まず、逸失利益については、労働能力喪失期間が３年となっているのですが、我々弁護士や裁判所が参考としている、赤い本と呼ばれる本によると、むち打ち症の場合には、14級で５年程度に制限する例が多く見られるとの記載があります。そのため、裁判となった場合、労働能力喪失期間が５年と認定される可能性は高いと思います。

　　また、慰謝料につきましても、その示談案に、「赤い本の90％」と記載がありますよね。この意味について説明させていただきますと、先ほど説明した、我々弁護士や裁判所が参考としている、赤い本と呼ばれる本に、慰謝料の基準が記載されているのです。その基準の90％の金額が今回の示談案で提示されています。そのため、裁判であれば、この基準の100％が認定される可能性が高いです。

X：そうなんですね。先生のほうで相手保険会社と交渉していただいて、労働能力喪失期間を５年間、慰謝料を基準の100％という内容で示談することはできないのですか。

甲：私のほうで、相手保険会社と事前に交渉を致しましたが、相手保険会社の担当者としては、「交渉段階で提示ができる提示案としてはこの金額が上限であり、これ以上の金額を提示することはできない」ということでした。

X：そうなのですか。そうなると、もう裁判をしなければ、金額が上がるということはないのでしょうか。裁判とかしたことがないので、できれば穏当に解決したいと考えているのですが。

甲：そうですね。交渉でなく解決を図る手続としては、裁判のほかにも、

交通事故紛争処理センター（以下、紛争処理センター）での手続、そ
んぽ ADR センターでの手続、日弁連交通事故相談センターでの手続
といったものがあります。

X：色んな手続があるんですね。どの手続を選択するのがよろしいので
しょうか。

甲：私は、裁判以外の手続としては、基本的に紛争処理センターでの手
続を利用しています。紛争処理センターとは、相談担当の弁護士が被
害者と加害者保険会社との間に入って、和解に向けた仲裁をしてくれ
るような機関です。

X：裁判とどちらがよいのでしょうか。

甲：どちらがよいとまでは一概に申し上げることはできません。もっと
も、先ほど申し上げたとおり、紛争処理センターの手続は、和解に向
けた解決を目指して話合いを行いますので、裁判よりも早期に解決を
することができる可能性が高いといえます。

　もし、裁判で解決を図ろうとすると、事案にもよりますが、1年以
上の期間が必要となることもあります。また、和解ができない場合に
は、裁判所が最終的な判断を下す判決という手続になるのですが、そ
の前提として、裁判所にて事故の状況やお怪我の状況などをXさんに
話してもらう尋問手続が行われる可能性が高いです。その場合には、
Xさんに一度裁判所に来ていただく必要がございます。一方で、紛争
処理センターでの手続であれば、数か月程度で解決に至る場合もあり
ますし、尋問の手続もございません。

X：それでは、紛争処理センターでの手続を図る方向がよいですかね。

甲：もっとも、紛争処理センターでの手続の場合には、相手保険会社が
訴訟に移行することを希望する場合もあります。そのような場合には、
結局裁判になってしまう可能性もございますので、この点はご留意い
ただければと思います。

X：そうなんですか、悩ましいですね……。

甲：ちなみに、Xさんの入っていた保険に、人身傷害保険という保険は
付帯されていたでしょうか。

X：確か、ついていたと聞いた気がします。

甲：そこは保険会社に確認をしてほしいのですが、人身傷害保険が付帯
　　されているのであれば、少し時間がかかってでも裁判で解決したほう
　　がよいかと思われます。その際には、まず、人身傷害保険で保険会社
　　から人身傷害保険金を支払ってもらってから、裁判提起という流れに
　　なるかと思われます。

X：それはどうしてでしょうか。

甲：詳しいことは保険会社の約款次第ということになるのですが、人身
　　傷害保険の保険金は、基本的に、保険会社の基準で計算がされます。
　　もっとも、裁判をして、和解や判決で解決した場合には、裁判所が認
　　めた損害額で再計算がされる場合があります。そのため、裁判所が認
　　めた金額が保険会社の基準よりも高額になれば、人身傷害保険金が追
　　加で支払われる可能性があります。

　　　一方で、紛争処理センターでの解決の場合には、紛争処理センター
　　が認定した金額が保険会社の基準よりも高額となったとしても、人身
　　傷害保険金が追加で支払われない可能性があります。

　　　したがって、裁判で解決をしたほうが、Xさんがより多くの金額を
　　取得できる可能性があります。

X：そうなのですね。そうであれば、裁判の方向で解決いただければと
　　思います。

甲：わかりました。それでしたら、裁判を提起する方向で進めていきま
　　しょう。

X：わかりました。お願いいたします。

1 交渉での解決のメリット、デメリット

　交渉が継続し、相手保険会社から示談案が提示された場合、その示談案を受諾して解決をするのか、裁判などの手続（具体的な手続については「2　事案解決のための手続の種類」（205頁）以下で解説する。以下、これらの手続を総称して「裁判手続等」という）を通じて解決を図るのか、悩みどころである。

❶ 手続選択の際の基本的な指針

　交通事故案件に限らず、どの事件においても共通すると思われるが、基本的な指針としては、早期解決の必要性と経済的利益（依頼者が受領することができる金額）との比較衡量である。かかる比較衡量によって、交渉において示談をして解決するか、裁判手続等をするか決定することになると思われる。そこで、まずはこの部分について説明する。

1　早期の解決

　交渉で解決する場合の主なメリットは、早期の解決を図ることができる点にある。裁判をするとなると、1年近く、もしくはそれ以上の期間が必要となることがあるし、後述する交通事故紛争処理センターでの解決を図るにしても数か月から半年程度の期間は必要となってくることが多い。そうだとすれば、早期の解決を希望する依頼者との関係では、交渉にて解決を図ることが合理的といえよう。

2　交渉段階における慰謝料

　前述のとおり、交渉で解決したほうが早期の解決を図ることができる。もっとも、交渉段階においては、傷害慰謝料や後遺障害慰謝料といった

慰謝料の金額が赤い本の基準（以下、慰謝料を含め、赤い本に基づき算出される基準を「裁判基準」という）の8割から9割程度に制限されることがほとんどである。

　そうだとすれば、交渉段階において解決することにより賠償される損害額は、一般的に、裁判において認定される損害額よりも低額となる。そのため、裁判基準を予測し、その金額と相手保険会社からの提示金額との差額を計算し、早期の解決の必要性と比較衡量をして、裁判手続等に進むかどうか決めることになろう。

3　提示の内容についての検討

　一般的には、上記1及び2において説明した事情を比較衡量して裁判手続等に進むかどうかを決めることになろう。もっとも、慰謝料以外の要素についても、裁判手続等による解決を見据えた場合に、相手保険会社からの提示に従って解決を図ったほうが、依頼者がより高額な損害額を受領することができる場合がある。すなわち、相手保険会社の提示金額が、裁判基準よりも高額となっている場合である。

　弁護士としては、相手保険会社の提示金額が裁判基準よりも高額となっていないか、慎重に検討する必要がある。そこで、気を付けるべき主なポイントを以下において述べる。

ア　過失割合

　過失割合は、基本的に、別冊判タ No38 に従って判断されるが、相手保険会社がその適用を誤っており、予想される過失割合よりも有利な過失割合が提示されていることがある。保険会社の担当者が陥りがちな誤りとしては以下のような点がある（すなわち、弁護士としても陥りがちな誤りであるため、注意を要する）。

①交差点の中まで中央線や車両通行帯が通っていないにもかかわらず、優先道路として扱っている場合

②駐車場における駐車車両と通路走行車両との間の事故において、通路走行車両に有利な過失割合が提示されている場合

③信号機による交通整理の行われている交差点における直進車（当方）

対対向右折車（相手）の事故において、相手車両が青信号で交差点に進入し、黄信号で右折しているにもかかわらず、黄色信号で交差点に進入したことを前提とした過失割合が提示されている場合

④非接触事故において、ドライブレコーダーの映像から過剰回避が窺われる事情があるにもかかわらず、別冊判タ No38 どおりの過失割合が提示されている場合（林漢瑛「非接触事故の過失割合について」赤い本 2022 年版下巻 73 頁を参考にされたい）

イ　損害

（ア）　整骨院

相手保険会社が整骨院の通院について、施術費を認めており、示談案における傷害慰謝料が、整骨院の通院日数・通院期間を考慮した傷害慰謝料となっている場合には注意を要する。

整骨院の通院については、具体的な事情によるが、整骨院の通院の必要性相当性が裁判上厳しく判断されている（吉岡透「整骨院における施術費について」赤い本 2018 年版下巻 27 頁、片岡武「東洋医学による施術費」日弁連交通事故相談センター東京支部『交通事故による損害賠償の諸問題Ⅲ　損害賠償に関する講演録』（2008 年）192 頁）。実際の裁判例においても、整骨院の通院の必要性相当性が認められなかったり、整骨院の通院に起因する損害額が減額されたりする裁判例が多数見られるため注意が必要である。

（イ）　傷害慰謝料

傷害慰謝料は、基本的に、赤い本記載の別表に従って判断される。赤い本の別表には、別表Ⅰと別表Ⅱがあり、別表Ⅱの適用がありうる事案であっても、相手保険会社からの提示では、別表Ⅰで提示がされている場合がある。そのような場合には、裁判手続等に進むかどうかは慎重に検討する必要がある。

また、赤い本では、「通院が長期にわたる場合は、症状、治療内容、通院頻度をふまえ」別表Ⅰの場合には実通院日数の3.5倍、別表Ⅱの場合には実通院日数の3倍「程度を慰謝料算定のための通院期間の目安とすることもある」との記載がある。もっとも、相手保険会社の提示では、通院が長期にわたっているにもかかわらず、実際の通院期間をベースに

慰謝料の提示が行われることがある。このような場合には、裁判等の場合には実通院日数の 3.5 倍ないし 3 倍程度をベースに慰謝料が認定される可能性もあるので、かかる場合にも裁判手続等をするかどうかについて慎重に検討する必要があろう。

　（ウ）　逸失利益

　逸失利益の労働能力喪失率は、基本的には、労働省労働基準局長通牒（昭 32 年 7 月 2 日基発第 551 号）別表 I の労働能力喪失率表の後遺障害等級に対応した労働能力喪失率が認定される。もっとも、醜状障害、脊柱変形、歯牙障害といった後遺障害については、当該後遺障害が労働能力に影響を及ぼすかといった観点から、労働能力喪失自体が否定されたり、労働能力喪失自体は認められても、労働能力喪失率が後遺障害等級に対応した労働能力喪失率よりも制限されたりすることが多い。

　しかし、相手保険会社からの示談提示においては、労働能力喪失率が制限されていなかったり、制限されていても、後遺障害等級に対応した労働能力喪失率に近い労働能力喪失率が認められていたりする場合がある。そのような場合には、裁判等の手続に進むかどうか、慎重に検討する必要がある。

ウ　まとめ

　以上のように、慎重に検討してみると、相手保険会社から提示された示談案が裁判基準よりも有利である可能性は多々ある。もっとも、上記の例は、裁判等の解決よりも交渉での解決のほうが経済的に有利となる可能性がある場合の一例を示したに過ぎない。提示された示談案の内容が裁判基準よりも有利であるかどうかは、損害賠償請求論についての正確な知識が必要となる。安易に裁判等の手続に進むのではなく、一度立ち止まって、相手保険会社から提示された示談案を検討し、別冊判タNo38 や赤い本等の基準と比較して、有利な示談案となっていないか確認することをお勧めする。

❷ 例外的な指針

　以上が裁判手続等に進むか否かの基本的な指針であるが、以上とは

違った考慮が必要となる場合がある。そのようなケースについて以下において説明する。

1 人身傷害保険を使用している場合

依頼者が契約している保険会社において、人身傷害保険という保険が付帯されており、これを先行して使用している場合がある。この場合には前記❶とは別の考慮が必要となる。この場合、以下の二通りで考え方が異なる。

ア 依頼者に過失があると予想される場合

依頼者に過失がある場合、基本的には裁判手続等をとったほうが経済的に有利になる可能性が高い。なぜならば、最高裁判例では、人身傷害保険金の既払分の控除方法について、いわゆる訴訟基準差額説という方法をとっているからである。すなわち、人身傷害保険金は、当該保険金を支払った保険会社に代位する範囲で被害者の損害金から控除されるところ、この代位の範囲について、最判平24年2月20日判時2145号103頁等は、「保険金請求権者に裁判基準損害額に相当する額が確保されるように、上記保険金の額と被害者の加害者に対する過失相殺後の損害賠償請求権の額との合計額が裁判基準損害額を上回る場合に限り、その上回る部分に相当する額の範囲で保険金請求権者の加害者に対する損害賠償請求権を代位取得する」と判示している。

少しわかりにくいかもしれないため、具体例を挙げて説明する。次の事例を想定されたい。

【具体例】
被害者　　　　　　　　　　　：A
Aの損害額　　　　　　　　　：1000万円
過失相殺率（Aの過失割合）　：20%
既払いの人身傷害保険金　　　：600万円

かかる具体例の場合、被害者Aが相手方から受領することのできる金額について整理すると、以下のとおりとなる。

まず、人身傷害保険金全額が代位されるという見解（上記最高裁判決とは異なる見解）を採用する場合にどのようになるか検討すると次のとおりである。

---

①　人身傷害保険金全額が代位されるとする場合

A）損害額　　　　　　　　　　　　　　　　　　　　：1000万円

B）過失相殺後の金額（A×0.8）　　　　　　　　　：800万円

C）保険会社が代位する金額　　　　　　　　　　　：600万円

D）人身傷害保険金既払後の残額（B－C）　　　　：200万円

　したがって、かかる見解を採用した場合、被害者Aが相手方から受領することのできる金額は200万円となる。

　次に、訴訟基準差額説（上記最高裁判決の見解）を採用する場合にどのようになるか検討すると次のとおりである。

---

②　訴訟基準差額説が適用される場合

A）損害額　　　　　　　　　　　　　　　　　　　　：1000万円

B）過失相殺後の金額（A×0.8）　　　　　　　　　：800万円

C）保険会社が代位する金額　　　　　　　　　　　：400万円

【計算式】

　　a　人身傷害保険金の額　　　　　：600万円

　　b　過失相殺後の損害賠償額　　　：800万円

　　c　aとbの合計額　　　　　　　　：1400万円

　　d　裁判基準損害額　　　　　　　：1000万円

　　e　cがdを上回る額　　　　　　　：400万円

D）人身傷害保険金既払後の残額（B－C）　　　　：400万円

　したがって、かかる見解を採用した場合、被害者Aが相手方から受領することのできる金額は400万円となる。

　以上のように、訴訟基準差額説の適用があるほうが、人身傷害保険金全額が代位されるよりも被害者が相手方から受領することのできる金額

が多額となる場合がある。

　そして、裁判の場合には、上記最高裁判決があることから、訴訟基準差額説を前提に損害額の計算がされることになる（上記②のパターン）。

　もっとも、交渉の場合には、訴訟基準差額説が適用されず、人身傷害保険金全額が代位されることがある（上記①のパターン）。そのため、人身傷害保険の付帯がある場合であり、かつ、依頼者に過失があると予想される場合には、裁判を提起したほうが経済的に利益が出る可能性がある。

イ　依頼者に過失がない事故である場合

　依頼者に過失が認められない場合、訴訟基準差額説が適用されようがされまいが、人身傷害保険金全額が代位されることになる。そのため、交渉で解決しようが、裁判等の手続で解決しようが基本的には差が出ないことになる。そのため、原則に立ち返って、❶の「手続選択の際の基本的な指針」に従って、裁判手続等に進むかどうか検討することとなろう。

2　相手方が無保険である場合

　相手方が無保険（任意保険会社に未加入）である場合にも、❶の基本的な指針とは異なった考え方をする必要がある場合がある。

　相手方が無保険である場合、相手方が裁判基準に従った損害額を支払ってくれればよいが、多くの無保険相手方は、資力に乏しく、十分な回収が見込めない場合が多い。そのような場合には、基本的には、依頼者の治療終了後、自賠責保険会社から損害金を回収することになろう。もっとも、自賠責保険会社に対する被害者請求にて支払われる金額は、自賠法16条の3第1項の規定に基づき定められた告示「自動車損害賠償責任保険の保険金等及び自動車損害賠償責任共済の共済金等の支払基準」（平成13年金融庁・国土交通省告示第1号）の基準に従った金額となる（いわゆる、自賠責基準。赤い本2022年版459頁以下（令和2年4月1日以降に発生した事故）、469頁以下（平成22年4月1日以降令和2年3月31日までに発生した事故）参照）。そのため、回収できる金額は裁判基準と比較すると低額となることが多い。

しかし、裁判所は、自賠法16条の3が規定する支払基準によることなく、自ら相当と認定判断した損害賠償額の支払いを命じることができるとされている（最判平18年3月30日民集60巻3号1242頁）。そのため、裁判で解決（判決ないし和解）をした場合、裁判経過や判決ないし和解内容にもよりけりであるが、その判決ないし和解内容を前提とした金額で自賠責保険会社から損害賠償金が支払われる場合がある。そのため、相手方が無保険であり、かつ相手方から十分な損害額の回収が見込めないような場合には、裁判をしたほうが被害者の受領額が多くなる可能性がある。

　なお、相手方が無保険である場合には、労災保険や健康保険といった社会保険を使用して治療費等を支払っている場合がある。そのような場合、これらの社会保険の給付によって国等に移転した請求権の金額と被害者が被害者請求により自賠責保険会社から回収ができる金額の合計額（以下、かかる合計額を「被害者請求と社会保険の合計額」という）が、自賠責保険金額（自動車損害賠償保障法13条1項、自動車損害賠償保障法施行令2条）を超えることもある。しかし、被害者請求と社会保険の合計額が自賠責保険金額を超えるときであっても、被害者は、労災保険や健康保険に優先して自賠責保険会社から自賠責保険金額の限度で損害賠償額の支払いを受けることができるとの最高裁判決がある（最判平20年2月19日判時2004号77頁、最判平30年9月27日民集72巻4号432頁）。そのため、被害者請求と社会保険の合計額が自賠責保険金額を超える場合にも、裁判をして判決や和解が出た場合には、これらの判決や和解の内容を前提とした保険金が自賠責保険会社から支払われる可能性があるため、裁判を選択することも検討すべきである。

　もっとも、最判令4年7月14日民集76巻5号1205頁は、被害者の有する直接請求権の額と、労災保険法12条の4第1項により国に移転した直接請求権の額の合計額が自賠責保険金額を超える場合に、自賠責保険会社が国に対してした損害賠償額の支払いが有効であるかどうかについて、有効な弁済に当たらないと判断した原審の判決を破棄し、有効な弁済に当たるとの判断を下した。かかる判例を前提とした場合、被害者請求と社会（労災）保険の合計額が自賠責保険金額を超えている場合

において、自賠責保険会社が国に損害賠償額を支払っていない場合には、被害者は国に優先して自賠責保険金額を限度として損害額を受領することができたにもかかわらず、被害者がかかる受領をする前に自賠責保険会社が国に損害賠償額を支払っている場合には、追加で自賠責保険会社から受領することができなくなってしまう。そのため、かかる最高裁判例が出たことにより、自賠責保険会社への請求の仕方をどうするか（訴外での被害者請求を先行するか、裁判を先行するか等）、自賠責保険会社が先行で国に損害賠償額を支払っている場合、国に対する不当利得返還請求をするか（もっとも、かかる請求が必ずしも認められるとは限らないと考える）等、事案の進め方について慎重に検討する必要が出てきたため、注意を要する。

2 事案解決のための手続の種類

❶ 交通事故事案の解決方法

　「1　交渉での解決のメリット、デメリット」（196頁）で説明したように、交通事故事案を解決するためには（他の事案でも同じとは思われるが）、ａ）交渉において示談によって解決する方法と、ｂ）裁判手続等を経て解決する方法がある。

　そこで、本節においては、ｂ）裁判手続等の種類について説明する。交通事故における裁判手続等として、主にどのような手続があるか、以下において説明する。

❷ 裁判手続

　まずは、裁判所における手続を経る方法である。これは特段説明することはないであろう。民事訴訟の手続のほかに、民事調停の手続をとることもあるかもしれないが、民事訴訟の手続を選択することが多いと考えられる。

❸ 裁判手続以外の手続

　交通事故における裁判手続以外の紛争解決手続としてどのような手続があるか。その主な手続について以下のとおり説明する。

1　交通事故紛争処理センター
ア　交通事故紛争処理センターとは
　交通事故における裁判以外の紛争解決手続において最も有名と思われ

る手続が交通事故紛争処理センターにおける手続である。弁護士にもよるが、実際に、弁護士が裁判以外の手続で使用する手続の多くは、この交通事故紛争処理センターにおける手続であると思われる。

　では、交通事故紛争処理センターにおける手続とはどのような手続なのか。詳しくは、以下の URL を参考にされたい。

https://www.jcstad.or.jp/

　簡単に説明すると、交通事故紛争処理センターとは、自動車事故の被害者と加害者または加害者が契約する保険会社または共済組合との示談をめぐる紛争を解決するため、申立人（被害者）と相手方（加害者及び保険会社または共済組合）との間に立って法律相談、和解あっ旋及び審査手続を無料で行っている機関である。

イ　交通事故紛争処理センターで解決ができる手続

　上記アにおいて説明したとおり、交通事故紛争処理センターでは、自動車事故の被害者と加害者または加害者が契約する保険会社または共済組合との示談をめぐる紛争の解決が行われる。もっとも、以下のような場合には、交通事故紛争処理センターにおける解決はできない。

①加害者が自動車（原動機付自転車を含む）でない事故の場合、例えば、自転車と歩行者、自転車と自転車の事故による損害賠償に関する紛争の場合

②自賠責保険（共済）後遺障害の等級認定・有無責等に関する紛争

③相手方の保険会社等が不明の場合

④加害者が任意自動車保険（共済）契約をしていない場合

⑤加害者が契約している任意自動車保険（共済）の約款に被害者の直接請求権の規定がない場合

⑥加害者が契約している任意自動車保険（共済）が、日本損害保険協会に加盟する保険会社、外国損害保険協会に加盟する保険会社、JA 共済連、こくみん共済 coop（全労済）、交協連、全自共または日火連以外である場合

（詳しくは、交通事故紛争処理センターのホームページ（前掲の URL）を確認）

　ただし、④〜⑥の場合には、相手方が同意した場合には手続を行う場

合がある。

そのため、交通事故紛争処理センターに申し立てる場合には、上記①〜⑥に該当しないか確認する必要がある。そのほかにも、和解あっ旋を停止する場合や、和解あっ旋を行わない場合があるため、交通事故紛争処理センターのホームページを確認のうえ、申し立てをする必要がある。

なお、上記①のような場合には、後述の自転車ADRを使用することができる場合がある。また、上記③〜⑥のような場合には後述の日弁連交通事故相談センターを使用できる場合があるため、そちらの手続についても検討してもよいだろう。

ウ　交通事故紛争処理センターでの手続の流れ

申立人が申立てをした場合、まずは和解あっ旋の手続がされる。和解あっ旋の手続では、申立人と相手方（保険会社の担当者が通常出席する）が出席し、相談担当弁護士がついて和解あっ旋が行われる（イメージとしては、調停委員がついたうえでの調停手続や簡易裁判所での司法委員がついたうえでの和解協議に近い）。

主張が出揃った段階において、相談担当弁護士からあっ旋案が提示される。そのあっ旋案に双方当事者が同意することができれば、和解が成立し、手続は終了する。

一方で、双方ないし一方の当事者があっ旋案に同意しない場合には、和解あっ旋は不調となる。

和解あっ旋が不調となった場合、審査申立てをすることができる（もっとも、物損事案の審査、裁定の場合は申立人から審査会の裁定に従う旨の同意書が必要となる場合がある）。審査においては、審査会が、相談担当者及び当事者から個別事案の説明やそれぞれの主張を聴取し、裁定が行われる。

審査会の裁定に申立人が同意した場合、手続は終了する。相手方保険（共済）は、裁定を尊重することになる。

審査会の裁定に申立人が同意しない場合、交通事故紛争処理センターでの取扱が終了となる。この場合、交通事故紛争処理センターでの解決以外の手続（裁判等）にて解決をすることになろう。

2　そんぽ ADR

　そんぽ ADR では、一般社団法人日本損害保険協会のそんぽ ADR セ ンターが、損害保険会社とのトラブルが解決しない場合の苦情の受付や 損害保険会社との間の紛争解決の支援（和解案の提示等）を行っている。

　具体的には、①苦情解決手続と②紛争解決手続がある。このうち、紛 争解決手続は、苦情解決手続によって解決しない場合などに、専門の知 識や経験を有する紛争解決委員（弁護士など）が、中立・公正な立場か らトラブルの解決支援（和解案の提示等）を行う。

　詳しくは、以下の URL を参照されたい。

https://www.sonpo.or.jp/about/efforts/adr/index.html

3　日弁連交通事故相談センター

　同センター担当の弁護士が仲介をして示談あっ旋をする手続である。 以下の要件に該当する場合に申立をすることができる。

①自賠責保険または自賠責共済に加入することを義務付けられている 　車両（自賠法 2 条 1 項）による国内での「自動車・二輪車」事故事 　案であること
②（人身事故の場合）治療が終了していること
③（人身事故の場合）後遺障害の有無や等級認定の結果に争いがない 　こと
④相手方から具体的な金額提示があること
⑤弁護士法 72 条（非弁護士の法律事務の取扱等の禁止）違反の疑い 　がある者からの申込みでないとき
⑥調停、訴訟、他の機関による ADR 等の手続が係属中でないこと

なお、物損のみの場合には、損害賠償者が特定の任意保険会社、任意 共済のいずれかに加入していなければならない。

　また、示談あっ旋が不調となった場合には、審査手続に移行すること があるが、審査手続に移行するためには、相手側が特定の共済に加入し ていなければならない。

　そのため、交通事故紛争処理センターにおいては解決ができない共済 が相手方である場合や相手方が無保険である場合でも、日弁連交通事故

相談センターにおいては、示談あっ旋の手続を行うことができる場合があるが、審査での解決が可能であるのは相手方が特定の共済に加入している場合に限定されるため、事案によって交通事故紛争処理センターに申し立てるのか、日弁連交通事故相談センターに申し立てるのかについてはしっかり検討する必要がある。

　詳しくは、以下の URL を参照されたい。

https://n-tacc.or.jp/

4　自転車 ADR

　これまで説明をしたとおり、交通事故紛争処理センターも、日弁連交通事故相談センターも、自転車同士の事故や、自転車と歩行者の事故等については処理ができない。そこで、自転車事故に関する紛争を解決、予防することを目的とした調停機関として、自転車 ADR センターという機関がある。

　自転車 ADR センターでは、以下の事故を対象とする解決手続がとられる。

　①自転車と歩行者との間の事故

　②自転車と自転車との間の事故

　③自転車による器物の損壊

　具体的には、以下の URL を参照されたい。

http://www.bpaj.or.jp/adr/

5　刑事裁判被害者参加制度

　これは紛争処理の制度ではないが、ここで紹介をしておく。

　刑事裁判被害者参加制度とは、被害者参加人が、公判期日に出席することができ、証人尋問、被告人質問、意見陳述をすることが認められている制度である。

　特に、死亡事案のような場合には、ご遺族の心情にも配慮しながら事案を進める必要があるため、場合によっては、被害者参加についても委任を受けて進める必要もあるかもしれない。具体的にはケース5「7 刑事裁判被害者参加制度の利用を検討する」(163 頁)を参考にされたい。

3　手続選択のポイント

---

❶ 交通事故における請求の法的構成

　裁判手続「2　事案解決のための手続の種類」（205 頁）において裁判手続等の種類を紹介したが、ほとんどの場合、訴訟または交通事故紛争処理センター（以下、「紛セ」という）を使用することとなろう。この節においては、裁判手続等を訴訟と紛セに絞ったうえで、いずれの手続を経ることが相当であるかについて説明する。

　まずはその前提として、交通事故における主な法的構成及び注意点について説明する（全ての法的構成を網羅しているわけではない）。

1　運転者本人に対する請求
ア　加害者が単独である場合
不法行為に基づく損害賠償請求（民法 709 条）
イ　加害者が複数である場合
共同不法行為に基づく損害賠償請求（民法 719 条）
【注意点】

　訴訟物としては、不法行為に基づく損害賠償請求権（民法 709 条）であり、単独の不法行為による法的構成と共同不法行為による法的構成とは、攻撃防御方法の違いに過ぎない（佐久間邦夫＝八木一洋編『交通損害関係訴訟（補訂版）』（2013 年、青林書院）243 頁）。

　加害者が複数であった場合であっても、加害者の行為と被害者の全損害との間に因果関係があると主張するのであれば、加害者の一人が損害の全額を払うことになり、通常は加害者加入の保険会社がその損害額を払うことになる。そのため、あえて加害者全員に対して共同不法行為の主張をする必要は乏しい。

共同不法行為を根拠として複数の加害者に請求することに意義があるのは、単独の不法行為と構成するよりも大きな効果が得られるときが考えられる（前掲佐久間＝八木243頁以下を参照されたい）。

2　運転者以外に対する請求
ア　会社に対する請求
（ア）運転者が会社の被用者である場合

使用者責任に基づく損害賠償請求（民法715条）

（イ）運転者が会社の代表者である場合

代表者責任に基づく損害賠償請求（会社法350条）

【注意点】

運転者が会社代表者である場合、かかる請求となるため、使用者責任に基づく請求をしないよう注意が必要である。

イ　監督者に対する請求
（ア）運転者が責任無能力者である場合

監督者責任に基づく損害賠償請求（民法714条）

（イ）運転者が責任能力者であるが未成年者である場合

不法行為に基づく損害賠償請求（民法709条）

【注意点】

運転者が責任無能力者である場合には、民法714条に基づく請求をすればよいが、運転者が未成年者であるが責任能力を有している場合には悩みどころである。この場合でも民法709条に基づく損害賠償請求をすることができるという最高裁判例があるが（最判昭49年3月22日民集28巻3号347頁）、かかる責任が認められる範囲は限定的である（森富義明＝村主隆行『交通関係訴訟の実務』（2016年、商事法務）78頁以下が詳しいため参照されたい）。

もっとも、運転者が任意保険に加入している場合には、監督者に対する請求をしなくとも、裁判等の結果に従って相手保険会社が損害を支払うことが一般的であるため、監督者に対する請求をする必要は乏しい。そのため、監督者に対する請求をしなければならないのは、運転者が無保険である場合等に限られるだろう。

ウ　車両保有者に対する請求

運行供用者責任に基づく損害賠償請求（自賠法3条）

【注意点】

　かかる請求は、生命または身体の侵害による損害についての請求に限られる。

　自賠法3条の規定は、自動車の運行によって他人の生命または身体を害したときは、①自己及び運転者が自動車の運行に関し注意を怠らなかったこと、②被害者または運転者以外の第三者に故意または過失があったこと、③自動車に構造上の欠陥または機能の障害がなかったことのいずれをも主張・立証しなければその責任を免れることができないと規定している。すなわち、不法行為に基づく損害賠償請求における主に過失の要件について立証責任の転換を図っている。

　そのため、生命または身体の侵害による損害があり、過失や事故態様等について争いがある場合には、必ずこの請求をすべきである。相手方（運行供用者）が誰であるかの確認については、相手保険会社の担当者に確認をすれば教えてくれることが多いが（その際にはその者が運行供用者の要件を満たしているか検討する必要がある）、教えてもらえなければ、弁護士会照会で相手方の車検証を取得するなどの方法により運行供用者を確認すればよい。

　この際の注意点として、車検証の所有者の欄に、使用者が車両をローン（割賦払い）で購入している場合には自動車販売業者や信販会社等が、使用者がリースをしている場合にはリース業者が記載されていることがある。この場合、自動車販売業者や信販会社等（所有権留保における留保所有者）は運行供用者ではないと考えられる（最判昭46年1月26日民集25巻1号126頁）。また、リース業者は、リース契約の条項中にリース業者において自動車の運行を管理しうるような条項が含まれていたり、リース業者とユーザーとが一体のものと評価しうるような事情が存在したりする場合を除き、運行供用者には該当しないものと考えられる（前掲佐久間＝八木50頁）。そのため、これらの場合において、車検証の所有者欄にこれらの業者の記載があるからといって、これらの業者を相手方として請求をしないよう注意する必要がある。

エ　保険会社に対する請求
（ア）任意保険会社に対する請求
任意保険会社に対する約款に基づく直接請求
【注意点】
　任意保険の約款には、任意保険会社は被害者からの直接請求に応ずる旨の条項が付されていることが多く、被害者は、この定めに基づき、任意保険会社に対して損害賠償額の支払いを請求することができる。

　もっとも、この直接請求権に基づく損害賠償額の支払いについては、各任意保険会社が約款において支払要件を定めている。そのため、これら要件を満たさない限り、支払義務は認められないということになる。例えば、東京海上日動火災保険株式会社の 2023 年 1 月 1 日〜始期契約の一般自動車保険約款（https://www.tokiomarine-nichido.co.jp/service/auto/covenant/）における賠償責任条項の第 6 条（2）においては、直接請求の支払要件として以下の要件のいずれかに該当する必要がある旨定めている。

---

①　被保険者が損害賠償請求権者に対して負担する法律上の損害賠償責任の額について、被保険者と損害賠償請求権者との間で、判決が確定した場合または裁判上の和解もしくは調停が成立した場合

②　被保険者が損害賠償請求権者に対して負担する法律上の損害賠償責任の額について、被保険者と損害賠償請求権者との間で、書面による合意が成立した場合

③　損害賠償請求権者が被保険者に対する損害賠償請求権を行使しないことを被保険者に対して書面で承諾した場合

④　法律上の損害賠償責任を負担すべきすべての被保険者について、次のいずれかに該当する事由があった場合
　ア　被保険者またはその法定相続人の破産または生死不明
　イ　被保険者が死亡し、かつ、その法定相続人がいないこと

⑤　対人事故の場合、（3）〔※（3）は省略〕に規定する損害賠償額が保険証券記載の対人保険金額を超えることが明らかになったとき

支払要件として上記の要件があるが、②〜⑤の要件は備わっていないことが多く、裁判等で請求する場合には、①の要件にて請求することが多い。その場合、加害者（被保険者）に対する訴えとともに任意保険会社に対する訴えを提起することになる。任意保険会社に対する請求における請求の趣旨については、「被告保険会社は、原告に対し、原告の被保険者に対する判決が確定したときは、○○円〔中略〕を支払え」などと記載をすることとなる（前掲佐久間＝八木 15 頁）。

　もっとも、このような請求の趣旨とした場合、加害者（被保険者）に対する損害賠償請求に係る認容判決が確定することを条件とする将来給付の訴えとなるものと思われる（別冊判タ No38・9 頁）。このように解する場合、「あらかじめその請求をする必要」性が要件となる（民事訴訟法 135 条）。前掲佐久間＝八木 15 頁には、「一般には、任意保険会社が、当該事故に関しアフター・ロス契約（事故後に自動車保険契約を締結するもので、保険金をだましとろうとする行為の一種）である等と主張して保険契約の効力を争っている場合、約款所定の要件の欠如や免責事由の存在を主張して争っている場合〔中略〕等を除き、任意保険会社に対する訴えを提起する必要は乏しい」との記載があり、かかる要件判断において参考になると思われる。

　一般的には、任意保険会社が、加害者（被保険者）に対する裁判等により加害者（被保険者）が被害者に対して支払うとされた損害額を支払うことになるため、任意保険会社に対する直接請求をする必要性は乏しい。もし、任意保険会社に対する直接請求をするのであれば、直接請求をする必要性について十分に検討したうえで請求をし、裁判所にその必要性について説明ができるようにしておくべきである。

　（イ）自賠責保険会社に対する請求
自賠法 16 条 1 項に基づく損害賠償請求
【注意点】
　生命または身体の侵害による損害についての請求に限られる。また、請求できる金額は、自賠責保険金額の限度であることに注意を要する。もっとも、一般には、自賠責保険会社においては、加害者等に対する損害賠償請求訴訟における判断に従っているため、自賠責保険会社に対し

てかかる請求をする必要性は乏しい。詳しくは、前掲佐久間＝八木14頁を参照されたい。

❷ 訴訟か紛セを選択する際の基本的な指針

「1　交渉での解決のメリット、デメリット」❶（196頁）において述べたとおり、裁判等の手続をするか、交渉において解決するかは、早期解決のための利益と経済的利益の比較衡量において決定することになる。そして、交渉における経済的利益の主なデメリットは、赤い本の基準となる慰謝料から減額されることが一般的であるという点である。この点については、訴訟であろうと紛セであろうと、赤い本の基準となる慰謝料が認定されることが一般的である。この意味では、訴訟においても紛セにおいても、経済的利益については理論上は差異がないということになる。もっとも、紛セのあっ旋案では、遅延損害金や弁護士費用が考慮されないことが一般的であるため、かかる観点からは、和解において遅延損害金や弁護士費用が調整金として考慮される訴訟のほうが経済的に利益が出るといえるかもしれない。

　手続上の差異として大きな点としては、訴訟においては尋問の手続があるという点だろう。過失に争いがある場合（事故状況に争いがある場合）はもちろんのこと、過失に争いがなくとも、治療の状況等について尋問が必要であると裁判所が判断する可能性は十分にある。平日の日中に裁判所に出向くことは非常に負担となる依頼者もいるため、事前に尋問の手続を経る可能性があることは説明をしたうえで訴訟提起をすべきである。もし、どうしても尋問をしたくないという依頼者であれば、紛セの申立を検討すべきである。もっとも、紛セにおいても、相手保険会社が紛セでの解決を望まず、訴訟移行の上申を出すような場合もある。そのような場合には、紛セから訴訟に移行し、結局訴訟手続を経なければならなくなる可能性がある。紛セを申し立てる場合には、必ずしも紛セにて解決するとは限らず、相手保険会社の対応によっては訴訟に移行する可能性があることも依頼者に説明をしておくのがよいだろう。

　以上のように、経済的利益の観点からすれば、訴訟においても紛セに

おいても同じ基準（裁判基準）が適用されるのだから、遅延損害金等を考慮しなければ、理屈上は差異が出ないということになる。もっとも、依頼者が早期かつ穏当な解決を望んでいたり、どうしても尋問に出頭したくなかったりなど、裁判をすることを望まない場合には、紛セによる解決を検討してもよいだろう。

❸ 訴訟で解決したほうがよい場合

　訴訟するか紛セをするかについて、基本的には、❶の考え方でよいと考えるが、①当方に過失があると予想される場合であり、かつ、②人身傷害保険の付帯がある場合には別の考慮が必要である。

　人身傷害保険が付帯されている場合、人身傷害保険会社は、当該保険会社の約款に定められている基準（以下、「人身傷害保険基準」という）に従って人身傷害保険金を支払うことになる。しかし、判決または裁判上の和解における金額が、人身傷害保険基準と異なる基準で算出されている場合には、判決または裁判上の和解の金額を前提とした計算がされるのが一般的である（もっとも、その計算方法などについては、保険会社の約款により異なる）。ただし、このような修正の計算がされるのは、約款上、判決または裁判上の和解に限られ、紛セの和解あっ旋や審査裁定等は含まれていないことが通常である。例えば、東京海上日動火災保険株式会社の 2023 年 1 月 1 日～始期契約の一般自動車保険約款（https://www.tokiomarine-nichido.co.jp/service/auto/covenant/）における人身傷害条項の第 4 条（6）は、「判決または裁判上の和解において、賠償義務者が負担すべき損害賠償額がこの人身傷害条項の別紙の規定と異なる基準により算定された場合であって、その基準が社会通念上妥当であると認められるとき」と規定している。

　そのため、依頼者に過失があり、人身傷害保険の付帯がある場合において裁判を提起し、判決または裁判上の和解にて解決をした場合には、これらの解決を前提とした計算がされる結果として、契約の保険会社から追加で人身傷害保険金を受領することができる可能性がある。一方で、紛セ等の場合には、その和解等での金額を前提とした計算がされること

は基本的にはないため、追加で人身傷害保険金を受領できなくなる可能性が高くなる。

　そうだとすれば、過失があると予想される場合でかつ人身傷害保険の付帯がある場合には、紛センではなく、訴訟提起をしたほうがよい。もっとも、紛センでの解決の場合における人身傷害保険での追加金支払の有無、追加金の計算方法等については、保険会社の約款等により異なり、またその約款解釈も複雑であるため、事前に保険会社の担当者に確認することが必要である。

　なお、人身傷害保険の付帯がある場合の留意点等については、公益財団法人日弁連交通事故相談センター編「交通事故損害額算定基準－実務運用と解説－」（いわゆる「青本」）2022年版332頁以下が詳しいため、参考とされたい。

4 ミスゼロのための チェックポイント

❶ 直接請求権利用の条件に注意する

　被害者は、一定の条件を具備すれば、保険会社に対する直接請求権を行使することができる。これはすなわち、保険会社を被告として訴えることができるということとなる。

　しかしながら、保険会社に対する直接請求権については、前述のとおり、一定の条件を具備する必要があるし、さらには、直接請求権を行使することによって請求できる種目は、加害者が保険会社に請求することができる保険金（＝被害者が加害者に請求できる損害賠償請求権）の種目より限定されていると考えられている。また、一定の条件の具備については、種々の裁判例も出ているところである。

　よって、被害者から加害者を被告とする損害賠償請求訴訟と同時に、保険会社を被告とする請求をする場合、十分に注意をするべきである。すなわち、訴状に記載すべき事項は、損害賠償請求訴訟とは項目を分けて、別途保険会社を被告とする請求原因を記載することとなるのである。

　詳細については、各種裁判例、及び、加害者が加入している保険の約款を確認するべきである。

❷ 整骨院通院がある場合の最終受領額を検討する

　加害者側保険会社が整骨院通院について施術費を認めている場合、訴訟提起には、大きなリスクがある（詳細については、ケース1「7　ミスゼロのためのチェックポイント」（33頁）や、198頁等参照）。すなわち、交渉時点で、加害者側保険会社が施術費を認めていたとしても、訴訟段階になって撤回をする可能性は、十分存する。その場合、裁判所が

整骨院通院の必要性を一から判断をすることとなる。そうすると、施術費を含む治療費の額につき、交渉段階で加害者側保険会社が認定していた額よりも、裁判所が認定する額のほうが少ない可能性もあり、その結果、総損害額が減額され、最終受領額が交渉段階で認められていた額よりも少なくなる可能性もある。かかるリスクは、紛セ等の手続でも同様である。

　よって、整骨院通院がある場合には、交渉での解決と、訴訟提起等の公的手続を利用することによる解決との最終受領額の見込みをよく検討し、受領することができると見込まれる金額の最少額（すなわち、整骨院通院が認定されなかった場合等）も検討し、依頼者にリスクの説明をしておくべきである。

　なお、一般的なリスクの大小でいうとすれば、訴訟提起の場合、裁判所が、事故と相当因果関係を有する施術費用を真正面から判断をすることを目的の一つとしているのに対して、紛セなどのいわゆる ADR の手続は、示談解決をすることを目的としている。よって、ADR の手続の場合、あっ旋委員は、施術費用につき、相手方保険会社が支払い済みということであれば、基本的には、全額認定をしたうえで、慰謝料で調整を図ろうとすることが多いように思われる。ゆえに、交渉での解決が困難な場合には、訴訟提起をするよりも、紛セ等の ADR の手続を選択したほうが、リスクとしては小さいことが多い。

執　筆　者　一　覧

稲葉　直樹（いなば　なおき）
事務所　ＡＩＮ法律事務所（東京弁護士会所属）
役職等　日弁連交通事故相談センター委員
担当：ミスゼロのためのチェックポイント（ケース１〜ケース７）

石濱　貴文（いしはま　たかふみ）
事務所　高松丸亀町法律事務所（香川県弁護士会所属）
担当：ケース１

古郡　賢大（ふるこおり　まさひろ）
事務所　東京グリーン法律事務所（東京弁護士会所属）
担当：ケース３

井上　陽介（いのうえ　ようすけ）
事務所　ＡＩＮ法律事務所（東京弁護士会所属）
担当：ケース７

塩田　将司（しおた　まさし）
事務所　ＡＩＮ法律事務所（第二東京弁護士会所属）
担当：ケース２

江田　翼（えだ　つばさ）
事務所　弁護士法人森総合法律事務所（東京弁護士会所属）
担当：ケース５

池田　龍吾（いけだ　りゅうご）
事務所　アタラクシア法律事務所（東京弁護士会所属）
担当：ケース４

浅井　健（あさい　たける）
事務所　AsiaWise 法律事務所（東京弁護士会所属）
担当：ケース６

交通事故事件　ミスゼロの実務

2023年6月20日　初版発行

著　者	いなばなおき　いしはまたかふみ　ふるこおりまさひろ　いのうえようすけ 稲葉直樹・石濱貴文・古郡賢大・井上陽介 しおたまさし　えだ　つばさ　いけだりゅうご　あさいたける 塩田将司・江田　翼・池田龍吾・浅井　健
発行者	佐久間重嘉
発行所	学 陽 書 房

〒102-0072　東京都千代田区飯田橋1-9-3
営業　電話　03-3261-1111　FAX　03-5211-3300
編集　電話　03-3261-1112
http://www.gakuyo.co.jp/

ブックデザイン／佐藤　博
DTP制作／ニシ工芸　　印刷・製本／三省堂印刷

★乱丁・落丁本は、送料小社負担にてお取り替えいたします。
ISBN 978-4-313-31425-2 C3032
ⒸN.Inaba, T.Ishihama, M.Furukori, Y.Inoue, M.Shiota, T.Eda, R.Ikeda, T.Asai
2023, Printed in Japan
定価はカバーに表示しています。

JCOPY 〈出版者著作権管理機構 委託出版物〉
本書の無断複製は著作権法上での例外を除き禁じられています。複製され
る場合は、そのつど事前に、出版者著作権管理機構（電話03-5244-5088、
FAX03-5244-5089、e-mail : info@jcopy. or. jp）の許諾を得てください。

◎好評既刊◎

証拠収集から等級認定、訴訟までの実務がわかる！

本書で取り扱う後遺障害は、むち打ち・可動域制限・疼痛症・歯牙欠損・外貌醜状・PTSD の 6 つ。事件処理のポイントをはじめから丁寧に解説！

6つのケースでわかる！弁護士のための後遺障害の実務

稲葉直樹・野俣智裕・濱田祥雄
石濱貴文・古郡賢大・井上陽介 ［著］
A5 判並製／定価 2,750 円（10%税込）

◎好評既刊◎

物損事件の処理に
役立つ情報が満載！

初めての法律相談対応から事件解決まで、必ず役立つ１冊！
訴状や示談書の書式例、法律相談時のチェックリスト等の資料を掲載！

弁護士費用特約を活用した
物損交通事故の実務

狩倉博之・渡部英明・三浦靖彦・杉原弘康［編著］
A5 判並製／定価 2,530 円（10％税込）

◎好評既刊◎

遺産分割に関係する
士業の知恵・ノウハウを結集！

遺産分割の流れに沿って、税務、登記、建築、鑑定を踏まえた紛争解決の実務を解説！　依頼者の満足のためには「分割のみ」ではなく「総合的解決」を！

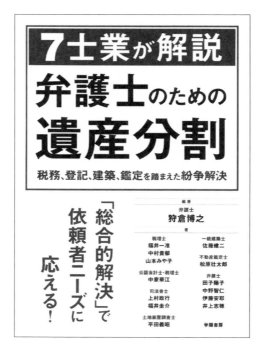

７士業が解説
弁護士のための遺産分割
－税務、登記、建築、鑑定を踏まえた紛争解決－

狩倉博之［編著］

A5 判並製／定価 3,850 円（10％税込）